いたいコンサルすごいコンサル

究極の参謀を見抜く「10の質問」

How to Distinguish CEO's Primary Counselor

長谷部智也

日本経済新聞出版社

はじめに

新卒で入った都市銀行を、若気の至りでわずか3年弱で辞めてしまった。20代後半の頃である。どうしようかと思っていたところ、たまたま機会があり外資系戦略コンサルティング会社に転職した。

右も左も分からないなか、第二新卒で入社し、最もジュニアのポジションから始め、苦労しながら30代前半でマネージャー、30代後半でパートナー（コンサルティング会社のグローバル共同経営責任者兼株主）になった。昇進スピードは最速というわけでもなかったが、パートナーになった頃には、昔の同僚のほとんどはコンサルティング業界を去っていた。

パートナーとして5年間勤め、クライアントにも恵まれた。いまは昔のクライアントをはじめとする周りの方々からご縁をいただき、事業会社に転じ、クレジットカード国際ブランドで経営職に就いている。

私は外資系戦略コンサルティングの業界に16年間在籍した。その間にコンサルティング業界は様変わりした。詳しくは本編で述べるが、現在のコンサルティング業界は「大衆化」が進み、有象無象《うぞうむぞう》の集団になってしまい、かつてないくらいにコンサルタント個々人の能力、スキルの「個体差」が大きい時代になっている。

見た目が格好良く、仕立ての良いスーツを身にまとい、話がやたらとうまく、実年齢よりも年上に見られるように髭を生やしていたり、「人間的な奥深さ」を演出するために、文化や歴史に造詣が深く、教養豊かであったりするコンサルタントには注意が必要である。コンサルタントの表面的な格好良さに惑わされると、痛い目にあってしまう「交通事故リスク」が、昔よりもかなり高くなっている。

その一方で、私のコンサルタントとしての経験と、事業会社でコンサルタントを実際に起用する側の経験、その両方を通じて実感するのは、腕が確かな「本物」のコンサルタントを賢く起用すれば、財務的な成果を出す上で大きな助けになる。そして、財務的成果を出すことは正しいアクションの愚直な積み重ねでしかないということである。

本書は、企業で経営戦略を立案する立場の方で、戦略の構築に外資系コンサルティング会社を初めて起用してみようとお考えの方、すでにコンサルティング会社を何度か起用し、実はもっと「結果を出せる」コンサルティング会社やコンサルタントに巡り合うことができたのではないだろうか、と漠然とした疑問をお持ちの方のお役に立てると考えている。

本書の構成

序章ではまず、なぜコンサルタントの個体差が拡大しているのか、その背景について理解を深めていただくために、日本のコンサルティング業界の変遷について述べる。その上で、以降の章では結果を出せる「本物」のコンサルタントを見抜く「10の質問」を活用した、コンサルタントの腕の確かさを測る、実践的な方法を解説する。

最後の章では、「コンサルティング業界の内憂外患」と題し、コンサルティング業界の常識や、業界に籍を置く人間の特徴、業界特有のゲームのルール等を、極力生々しく書いた。コンサルティング業界の暴露話をする意図はないが、あえて書いたのには訳がある。いたいコンサルタントは「10の質問」で概ね入口段階、すなわち、起用を意思決定する前に排除できると思われる。しかし、「内憂外患」の章で述べたような知識を持った上でより深くコンサルタントという人種の行動様式を熟知し、プロジェクト期間中のコンサルタントとの会話の中で、適時にコンサルタントに質問を投げかける。こうすることで、「油断できないクライアントだ」と理解させ、優れた人材の追加投入にもつなげ、支払ったプロジェクトフィーに見合う価値を最大限に提供してもらうために、意味があると考えたからである。

また、コンサルタント志望の方の、コンサルタントという職業に対する知的好奇心にも十分にお応えできていると思う。どの職業にも適性があり、努力でカバーできる部分と、それ以前の資質の問題がある。「内憂外患」の章を読んで、こういう人々と一緒に働くことのフィット感や、こういう職場の空気感が自分にとって快適かどうかを考えてもらえれば、コンサルティング会社にわざわざ転職しなくとも、だいたいの感じが分かるのではないかと思う。

私は戦略コンサルタントとして七転八倒し、這《は》いつくばりながら、厳格なアップ・オア・アウト（昇格、さもなくば退社）の生き残りレースを何とか切り抜けてきた。普通は2〜3年、長くても5年くらいで辞めるのが一般的なコンサルティング業界に、結果的に16年もいた。自身のスキル不足を徹夜や長時間労働でカバーし、燃え尽きそうになったことも何度もあった。大きな財務的成果が出た「成功プロジェクト」もあれば、上司にしばき倒されたり、クライアントに叱責されたり、いわゆる「出入禁止」になったプロジェクトもあった。

その過程で、外資系戦略コンサルティング業界の数百人に及ぶ先輩、同僚、後輩コンサルタントの成功も失敗も、嫌というほど見てきた。現在は事業会社の経営の立場で、テーマに応じて複数のコンサルティング会社を起用し、その提供価値を厳しく見ている。立派に価値を提供してくれて、重宝するコンサルタントがいる一方で、残念ながらプロジェクトのフィーに見合う価値を提供できていないコンサルタントにも出会っている。

そういった自分のコンサルタントとしての経験、周囲の成功例、失敗例、起用する側に立った経験から、コンサルタントに求められる資質、能力、スキルについては誰よりも深いレベルで熟知しているつもりである。本書を通じ、コンサルタントを起用する方々が賢くなり、結果を出せる確かな腕を持つ「本物」のコンサルタントを見抜き、大きな財務的成果を出すためにうまく使っていただけることを願っている。

また、本書は結果的に、現役の戦略コンサルタントの方々にとっても、自身のコンサルティングスキルを総ざらいできる、簡潔にまとまったテキストになったと自負している。「結果を出せる」コンサルタントを見分ける方法を整理していく過程で、必然的にコンサルティングスキルの最も重要なエッセンスが抽出されたからである。

現役のコンサルタントの方々においては、今後はクライアントとのやりとりの中で、本書で述べるような厳しい質問を浴びせられることを覚悟の上、しっかりとプロフェッショナルとして、それに対峙すべく日々の仕事に臨んでいただきたい。自身のコンサルティングスキルを、一歩引いた視点で客観視し、プロとして求められる品質水準を知り、一層の自己研鑽をしていただけるとありがたい。

いたいコンサル

目次

CONTENTS

すごいコンサル

いたいコンサル、すごいコンサルを見抜く「10の質問」

コンサルティング業界の内憂外患

序章

「第四世代」に突入したコンサルティング業界

書店にあふれるコンサル本

書店のビジネス書のコーナーに足を運ぶと、現役コンサルタント、元コンサルタントが書いた、いわゆる「コンサル本」であふれかえっている。

コンサルティングの問題解決手法や分析技法、フレームワーク（考え方の枠組み）、論理的思考法、情報収集や調査方法、パワーポイントのスライド作成方法、エクセルの計量モデルの組立方法、コンサルティングを通じた企業再生のストーリー、コンサルタントの仕事のやり方、コンサルタントが薦める読書の仕方、コンサルティング会社の人材育成法、コンサルタント自身の人生論まで、枚挙にいとまがない。

コンサル本は有象無象

コンサルティング業界をわずか2〜3年で去った人が書いた本もあれば、コンサルティング業界の大御所、業界経験数十年のベテラン、私の大先輩にあたる方々が書かれた本もある。私自身、読んで非常に役立った本もあるが、最近はあまりにたくさんありすぎて「有象無象」と言わざるを得ない。

私の「コンサル本」に対する違和感は、「コンサルタントは問題解決のプロであり、優秀なエリートであり、正しいことを言える人である。コンサルタントの方法論は、事業会社が持っていないノウハウの宝庫である」という暗黙の前提の上に成り立っていることである。

コンサル本の背景には、コンサルタントの揺るぎない自信がみなぎっているのである。

コンサルタントも有象無象――「個体差」が大きい時代

なぜ違和感を持つのか、いや持つべきなのか？　日本でもコンサルティング業界が存在感のある規模まで大きく成長したため、コンサルタントを「名乗る人」の数が急増した。それに伴って、コンサルタントという職が「大衆化」し、本物と偽物が共存する状態になってしまった。

大衆化とともに、コンサルティング会社、個々のコンサルタントの「個体差」が、かつてないくらいに大きくなってしまったのである。個体差が大きいということは、残念ながら、起用すべき本物とそうではない偽物とが、実際に存在しているということである。

「個体差」がもたらすリスク

起用するコンサルタントを見誤ると、プロジェクトが失敗に終わるリスクが増大している。

失敗というのは、プロジェクトが実効性のない「絵に描いた餅」に終わるだけなら、まだましである。筋の悪いコンサルタントに出くわすと、間違った「真逆の戦略」を提言されかねないような危険にさらされているのである。

現在ほど、コンサルタントを起用する側にとって、「結果を出せる」コンサルタントを見抜く力が不可欠な時代はないのである。

日本のコンサルティング業界の4つのステージ

コンサルティング業界の大衆化に伴い、本物と偽物が混在する今日において、いかにして結果を出せる本物のコンサルタントを見抜くか、そのモノサシを提供したい――というのが、本書の一貫したテーマである。その本題に入る前に、日本のコンサルティング業界が大衆化の時代を迎えるまでの変遷を理解してもらうために、業界の歴史を少しだけ紹介

図1　コンサルティング業界「4つのステージ」

	コンサルタントの性格	提供価値
第1世代 輸入者 （1980年〜）	●異分子	●米国流の分析技術＋論理的思考法 ●欧米先進事例
第2世代 アントレプレナー （1990年〜）	●一流日本企業の異分子	●刺激的な面白い話
第3世代 エスタブリッシュメント （2000年〜）	●学歴エリート	●論理的正解 ●財務的成果
第4世代 大衆化 （2010年〜）	●有象無象	●労働力 ●インキュベーション？ ●クリエイティブ？

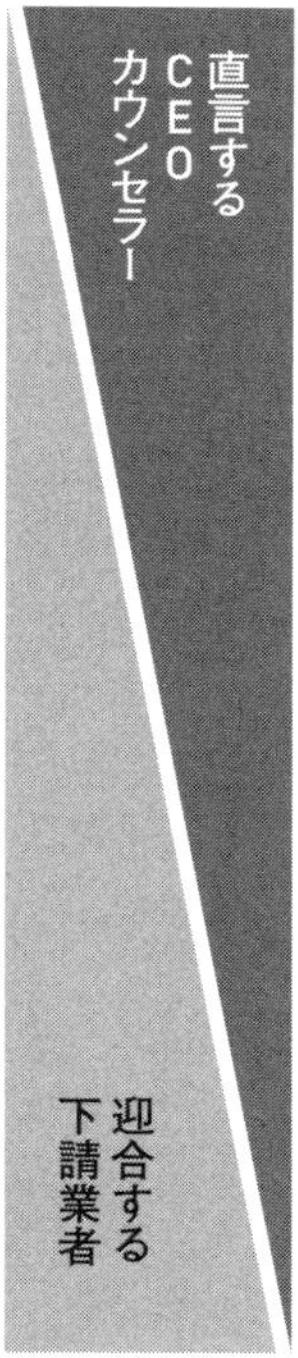

したい。

どの業態においても、その歴史とともに、業界を取り巻く環境、成長のステージ、業界の中核を担う人材の人物像、業界内のゲームのルールなどが変化していくのは必然の流れであり、これはコンサルティング業界においても同様である。日本のコンサルティング業界は、１９８０年くらいから概ね10年ごとにステージが移り変わってきていると私は見ている。

日本のコンサルティング業界は、１９８０年からの第一世代（輸入者）、90年からの第二世代（アントレプレナー）、２０００年からの第三世代（エスタブリッシュメント）、２０１０年からの第四世代（大衆化）の４つの時代からなる（図１）。現在は第四世代である。

第一世代は「輸入者」

外資系戦略コンサルティングが日本に本格的に上陸し始めたのは１９７０年代後半から80年代、今日も各方面で著名な大前研一氏、堀紘一氏に代表される方々が戦略コンサルタントを名乗り、日本に戦略コンサルティングのサービスを根付かせ始めた時代である。マッキンゼー・アンド・カンパニーやＢＣＧ（ボストン コンサルティング グループ）の東京オフィスの黎明期であり、日本のコンサルティング業界の第一世代と言える。第一世代は「輸入者」の時代である。

当時の外資系戦略コンサルティングは、日本ではいままで見たことのない米国流の分析技術、論理的思考法を駆使し、聞き慣れないカタカナ言葉を操り、目新しい資料、分析的アプローチで日本企業の経営者に鮮烈なインパクトを与えた。「何者なんだろう?」と怪しまれつつも、日本企業のトップマネジメントに次第に受け入れられ始め、コンサルティング業界の発展が始まったのである。

第二世代は「アントレプレナー（起業家）」

次の第二世代は、1990年代から始まる「アントレプレナー（起業家）」の時代である。新卒中途問わず、この時期にコンサルティングのキャリアを始めた方々は現在40代後半から50代後半であり、第一世代の戦略コンサルタントから直接的な指導、薫陶を受けた世代と言える。

第一世代、第二世代は、起業家精神が旺盛で、自立したプロフェッショナルを志向している方々が多いと思う。あくまで私の主観ではあるが、その時代のコンサルタントは、個人としての「尖り」が強すぎて、日本企業の組織内のヒエラルキーや、終身雇用を前提とした日本企業で勤め上げることを窮屈に感じ、飛び出してきたクチであり、一流日本企業の「異分子」だった人たちである。

誤解を恐れずに言えば、コンサルタントが日本ではまだ「変人の職業」だった時代とも言える。日本企業のサラリーマンとして社内では言えないようなことを、20歳以上も年上の社長に直言することを厭《いと》わない、良い意味で「侍魂」あふれた人が多い世代である。

第二世代のコンサルティングにとっては、第一世代に引き続き分析技術、論理的思考はもちろんだが、欧米の先進事例や、日本企業のトップマネジメントが普段聞けないような、刺激的で面白い話を提供することも重要であり、実際、そこにクライアントのニーズもあった。

また、当時のコンサルティング会社の社内は、「おまえプロだろ！」の一言でどんな理不尽なことも、長時間労働でも何でも正当化されてしまうような企業文化があったようだ。

第二世代の尽力で、第一世代に初上陸した日本のコンサルティング業界の規模が拡大し、次第に知名度も高まっていった。

第三世代は「エスタブリッシュメント（一流意識）」

日本のコンサルティング業界が、大きな転換点を迎えるのが、第三世代である。第三世代は「エスタブリッシュメント（一流意識）」の時代であり、2000年以降にコンサルタントのキャリアを始めた人たちがこれにあたる。余談ではあるが、私個人がコンサルティング業界に入った時期はぎりぎり第三世代より前で、メンタリティ（仕事に取り組む姿勢や価値観）的には完全に第二世代である、と自分では思っている。

第三世代の頃には、コンサルティング業界は知名度が十分に上がり、自他共に認める「学歴エリート」がこぞって志望する業界となる。コンサルタントが大学新卒から見て格好良く、スマートな職業と思われるようになってきた時代である。

第二世代までは、大卒文系の人気業種は商社、都市銀行、マスコミで、新卒で外資に就職するのは少し変わった人が多かったのかもしれない。しかし2000年以降は、外資系コンサルティングと外資系投資銀行が、東大、京大をはじめとする一流大学の中でも特に向上心の強い学生が第一志望とする業界になった。

これには功罪両面があった。第二世代は、第一世代に鍛えられ、時には理不尽にしばき倒されながらも、自身の起業家精神に依拠し、自立したプロフェッショナルとして自身の存在価値を世に問うような人が多かった、コンサルタントとして人と違うことをクライアントに言えないと自分は負け、といった価値観に駆り立てられて働く人たちの時代であった。

「良い学校、良い就職先」でコンサルティング会社に就職

それに対し第三世代は、「一流企業」に就職したつもりでコンサルティング業界に入社している。自分が社会のエリートであることが、プライドの拠り所である。子供の頃から一生懸命勉強をし、良い中学、良い高校、良い大学、良い就職先という流れでコンサルティング業界に入社しており、コンサルティング会社は自分の両親にも自信を持って説明できる就職先なのである。

彼ら（彼女ら）の能力は極めて高く、調査力の高さ、事務処理力の速さ、分析技術の習熟スピード、卒ないクライアントとのミーティングさばき、日常のコンサルティングスキルを身に付ける上で必要な学習能力は、どれをとっても申し分なく備わっている人たちが多い。

しかしながら「エスタブリッシュメント」のメンタリティゆえ、自身が何か人と違う尖っ

たことをしてやろうというのではなく、失敗せずに卒なくやろうという志向の人が多くなった面は否めない。コンサルタントが、良く言えば「卒ない」のだが、悪く言えば「つまらない」「尖りがない」集団になってしまったのである。

クライアントへの提供価値は、刺激的で面白い話というよりは、むしろ論理的正解、財務的成果が出る提言に、軸足が移ってきた時代でもある。

第三世代のおかげで、外資系戦略コンサルティング業界は優秀な人材の宝庫となり、コンサルティング会社は左脳系ビジネススキルの短期大量養成機関となった。優秀な人材を多数、様々な業界に輩出するようになり、コンサルティング会社の卒業生は各方面で活躍している。

同時に、その頃からコンサルタントという職の希少性が次第になくなり、また、世にあふれ始める各種の「コンサル本」の効果も相まって、コンサルティングの方法論や手法の新鮮さもなくなってしまった。コンサルタントを起用する事業会社側も、同じような分析を自前でもある程度やれるようになってきた。いわば大衆化への道に、一歩足を踏み入れ始めたのである。

また、第三世代の頃には、コンサルティング会社内の運営方法も体系立ったかたちが整備された。例えば、若手コンサルタントに理不尽な働かせ方や、長時間労働をさせると、管理者であるパートナーやマネージャーがペナルティを喰らうような、社内の人事管理制度が出来上がっている。グローバルの本社が睨《にら》みをきかせ、若手コンサルタントの労働時間を厳しくモニタリングしているコンサルティング会社もある。それだけコンサルティング業界がエスタブリッシュメント、立派な大企業になった証とも言える。

第四世代は「大衆化」

そして第四世代の到来である。現在は第四世代、「大衆化」の時代であり、2010年以降の流れである。第四世代の解説の前に、ご存じの方も多いかもしれないが、基本知識として、外資系コンサルティング会社の業界内での区分けについてお話ししたい。

外資系コンサルティング会社の3つの系統

外資系コンサルティング会社は大きく、戦略系、IT系、会計系の3つの系統に各社が属している。世界各国で各社の立ち位置が少しずつ異なるが、グローバルには戦略系コンサルティングでは、規模の順でマッキンゼー、BCG、ベインが三大戦略ファームと言われている。日本では、A・T・カーニー、ローランド・ベルガーなども健闘している。

戦略系のコンサルティング会社は、企業の経営戦略の構築を支援するプロジェクトを担い、その派生として戦略の実際の落とし込みのための業務系の支援、例えば社内のオペレーションの再設計なども行う、というのが元来のサービス提供のかたちである。

それに対し、IT系は、逆にシステム開発を手始めに業務系の支援を行い、そこから戦略の構築などの上流工程に上っていくかたちで、コンサルティングサービスの提供範囲を拡張している。IT系はアクセンチュア、IBMが代表的な企業である。

会計系もIT系と類似の事業モデルである。会計監査で構築した企業との関係性を活かし、オペレーション設計などの業務系の支援を行い、そこから上流工程の戦略構築までを手掛けている。

会計系の主なコンサルティング会社は、デロイト、PWC（プライスウォーターハウスクーパース）、KPMG、アーンスト・アンド・ヤング。グローバルビッグ4の会計ファームの傘下にある、コンサルティングを行う別働隊の企業である。

日本のコンサルティング業界全体の規模の拡大とともに、戦略系コンサルティング会社は、さらなる規模の成長を志向するために、従来の戦略構築プロジェクトに加え、大規模プロジェクトが受注できる業務系支援への注力を強めている。

一方で、IT系、会計系は、従来の業務系コンサルティングに加え、戦略構築など、「上流工程」のコンサルティングの提供能力を高めている。上流工程の方が、CEO（最高経営責任者）が直接的な雇い主であるため、価格プレミアムが得られやすいからである。

「大衆化」のはじまり

2010年以降の第四世代、「大衆化」へのシフトが加速する上で、大きなトリガーとなった出来事が2つある。1つ目は、サブプライム・ショック（2009年頃）、2つ目は、IT系・会計系コンサルティング会社による戦略系コンサルティング会社の買収（2013年頃）である。

1つ目のサブプライム・ショックであるが、不況のあおりを受けて、起用する側の企業からコンサルティング予算を削られ、戦略系のコンサルティング会社の一部は、リストラを余儀なくされた。

その中で、背に腹は代えられない事情から、企業の戦略構築を担うプロジェクトが減らされてしまった分を、コスト削減やオペレーション改革など、短期間で即物的な価値が出やすいプロジェクトで補い、従来以上に業務支援系のプロジェクトの割合を増やしたのである。

2つ目については、デロイトによるモニター・グループの買収、PWCによるブーズ・アンド・カンパニーの買収が象徴的な出来事である。規模と資本力を梃《てこ》に、相対的に規模の小さい戦略ファームを買収した。また、同時期に戦略系コンサルティング会社からIT系・会計系コンサルティング会社の「戦略部門」への人材の大量流出も起こり始めている。

戦略系コンサルティング会社の日本のオフィスは、1社あたり100人から多くても数百人規模で、いわゆる精鋭を鍛え抜くビジネスモデルである。一方でIT系、会計系は、コンサルタントを1社あたり1000人規模で抱えている会社も少なくない。

そういったIT系、会計系の各社が「戦略コンサルティング機能」を強化し、規模を活かし、戦略系コンサルティング会社の出身者を大量採用し、そのノウハウを取り込み、さらに自社の元々の業務系のコンサルティングサービスとうまく融合させて、急成長を遂げている。戦略コンサルティングのノウハウや方法論は、買収と人材移動により、IT系・会計系に取り込まれ、大量に広く出回っているのである。

コンサルティング会社を起用する企業のCEOの悩みは多岐にわたり、戦略だけではなく、その実行段階に至るまで様々であるため、それらをワンストップで提供することは、ある意味で合理的なのである。

戦略系も大衆化?

大衆化の流れの中で、一部の戦略系コンサルティング会社も、戦略系でありながら、日本企業の意思決定構造をうまく捉えるかたちで業務系の支援サービスを拡大させている。欧米企業ではCEOの権限が大きく、トップダウンの意思決定で会社が大きな戦略変更の舵を切りやすい。一方、日本企業ではそれとは異なり、中間管理職が比較的大きな権限を持って実際に会社を動かしていることが少なくない。

この特徴をうまく捉え、戦略コンサルティング会社が日本企業の中間管理職向けに業務系のコンサルティングサービスを「小分け」にして提供し始めたのである。意思決定がボトムアップでなされる日本企業のニーズに合わせた、ある意味で顧客ニーズを捉えた理にかなったコンサルティングのスタイルとも言える。

一部の戦略系コンサルティング会社は、企業の部長職や課長職の日常業務、経営会議資料に添付する各種の調査分析資料や、場合によっては稟議書自体の作成まで「各種のサービス」を、比較的小さなプロジェクトの範囲と期間で提供するようになった。コンサルティング費用も、日本の大企業の部長クラスの決裁権限内の金額にひとつのプロジェクトが収まるようテーマを小分けにしている。

こういったサービスは、起用している一部の企業の管理職クラスにはたいへん重宝されているが、全社最適、企業のトップマネジメントの利害、企業価値の向上とは、ともすると異なった目的関数で、社内の各所で様々なプロジェクトが、様々なベクトルで走ってしまっているケースも実際にはある。コンサルティング会社の資料が稟議書の添付資料についていた方が、社内の経営会議を通しやすいという、管理職や担当者の利害を支援しているケースもある。

提供サービスが、経営アドバイスから日常業務支援になり、コンサルタントの目線も日常業務に埋もれ下がる一方である。

企業価値を上げるコンサルティングか？

日本企業の部長や課長が便利にコンサルタントを起用するのはよいが、何年か起用して振り返ってみると、全く企業価値の向上に貢献していないことに気付き、全社的に「もうあそこは使うな」と大号令がかかる日本企業もある。

そもそも、様々なテーマのプロジェクトが社内の各所で走りすぎて、起用者であるクライアント企業の社長が、そのコンサルティング会社に年間総額いくら支払っているか、もはや認識していないような場合もある。もちろんこういったサービスは、一部の戦略系コンサルティング会社と同様に、ＩＴ系、会計系のコンサルティング会社も提供している。

「何系」コンサルティング会社のレポートか分からない

ＩＴ系、会計系コンサルティング会社の戦略コンサル機能の強化と、戦略系コンサルティング会社の大衆化路線「追随」により、テーマによっては戦略系、ＩＴ系、会計系の間の、提供サービス、提供品質の垣根は限りなく低くなってきている。

大昔の某飲料会社の比較広告ではないが、ＩＴ系や会計系のコンサルティング会社の報告書と、戦略系コンサルティング会社の報告書を見比べても、コンサルティング会社の「社名」を隠されると、提言の質の違いが判別不能なこともある。

実際、腕が確かな会計系コンサルティング会社の戦略構築プロジェクトの報告書の方が、「いたい」戦略系コンサルティング会社の報告書よりも質が良かったりする、いわば逆転現象も起こっている。

一方、戦略系とＩＴ系、会計系でコンサルティングの報酬水準には依然2〜3倍の開きがある。戦略系とＩＴ系、会計系の、提供サービスが「同質化」してしまった環境下、戦略系コンサルティング会社は、そのブランドや看板、シニアパートナーがCEOと大所高所の視点で対話できるといった提供価値で、価格プレミアムを何とか説明しようと懸命である。

直言するCEOカウンセラーvs迎合する下請業者

コンサルティング業界全体で見れば、CEOのカウンセラーとしての機能よりも、管理職の下請業務を行う出入業者、「労働力」的な色合いが強くなっていることは否めない。詳細は後述するが、耳がいたいことを直言するCEOカウンセラーというよりは、クライアントが社内を説得するために言ってほしいことを、「外部からの助言」という建付けで「言ってあげる」という、クライアントに迎合したサービスが増えてきている。

百歩譲って、クライアントが言っていることが正しく、正しい方向に迎合しているのであれば問題はないのかもしれない。しかしながら、コンサルタントがただプロジェクトフィーをもらうために、クライアントが言ってほしいことを言っているのであれば、全社で見て企業価値を毀損させてしまいかねないようなことをしているリスクをはらむ、危険な状態と言わざるを得ない。

コンサルティング業界の最近の進化

コンサルティング業界も、クライアントの業界の構造変化についてだけ論じているわけではなく、こういったコンサルティングの事業モデルの変遷を理解している。そのため最近、新たな取り組みを活発化している。

一例を挙げると、大企業の次世代の事業モデルの構築に役立つような、新規事業の発掘と孵化（インキュベーション）を、実際にベンチャー企業への共同投資をクライアントと一緒に行うかたちで支援したり、クライアント企業のオペレーションのデジタル化を支援したり、あるいはクリエイティブ側の提言力を強化するために、ウェブデザインの会社や広告代理店を買収したりなどの動きが見られる。

ただし、１９９０年代後半のネットバブルの時代にも、コンサルティング業界はウェブに特化したコンサルティングの別働隊を立ち上げたりはしていたが、ネットバブル崩壊後、何事もなかったかの如く、すべてが立ち消えになった過去もある。どれくらい成功するかは、今後数年、慎重に見ていくべきであろう。

スキルは後学可能

コンサルタントはプロのサッカー選手や野球選手などとは違い、特別な能力を持つスーパーマンがなるような職業では全くない。一定の資質が求められることは否定しないが、弁護士や会計士などと同じように、正しい努力をすれば後学可能なことがほとんどである。従って、コンサルティング会社にとって、社内の社員教育が果たす役割は大きい。唯一の資産が、教育され必要なスキルを兼ね備えた人材だからである。

教育システムの格差は大きい

一方、ここまで社名を挙げたコンサルティング主要各社の中で、知名度が同程度であっても、社員教育の完成度の高さには実は雲泥の差があり、教育制度がいまひとつのコンサルティング会社では、個々のコンサルタントの「個体差」は大きいのが実態である。

これは、コンサルタントとしてかなりの経験年数を積んだ後でもそうなのである。特に、規模が急拡大しているコンサルティング会社には注意が必要である。採用した人材の教育をしている暇がないのである。

腕を測る「モノサシ」が存在しない

コンサルタントは、士業の先生方とは違い、何の国家資格も必要ない。投資銀行の各業界のセクター担当アナリストのような個人ランキングもない。そのため、起用する側が悩ましいのは、コンサルティング会社の知名度くらいでしか選びようがないのである。コンサルタントを雇う段階になっても、担当してもらうコンサルタントの資質やスキルを測る基準を持つことは非常に難しい。

過去に複数のコンサルティング会社を起用した大企業ならば、ある程度の比較はできるのかもしれないが、テーマが異なると比べるのがなかなか難しかったりもする。

また、過去にそのコンサルティング会社を起用したことのある、別の企業の知人の話を聞くという方法もあるかもしれないが、担当コンサルタントが違ってしまうと、コンサルタントの個体差ゆえ、雲泥のレベル差となるリスクがある。

プロジェクトの効果検証も難しい

さらに言えば、終了したプロジェクトの効果検証というのも実際には難しい。

コスト削減のプロジェクトであれば、比較的効果があったかなかったかが分かりやすい。しかしながら、戦略構築のプロジェクトの場合、財務的成果が十分に出なかったとき、提言された戦略が違っていたり、ずれていたりしたのか、外部環境が想定以上に変わってしまったのか、社内事情で提言された施策が十分に実行できなかったのか、結果が出るまでに何年もかかる間に、こういった要素のすべてが複雑に絡み合って切り分けができなくなる。

起用する側に「見抜く力」が必要な時代

コンサルティング業界が大衆化路線を突き進むなか、起用する企業側から見て最近の一部のコンサルティング会社は、もはや問題解決のプロでもCEOのプライマリーカウンセラーでもなく、日本企業の部長や課長から課された宿題を言われた通りに、便利使い的に調査分析を行う「高級人材派遣」だとか、さらには、頼まれた通りに綺麗な社内資料だけを作る「高級筆記用具」などと揶揄《やゆ》されている例も、残念ながらある。

いたいコンサル、すごいコンサルを見抜く「10の質問」

高級人材派遣だとか、高級筆記用具だとか言われているのは、コンサルティング会社だけではなく起用する側にも問題はあるのだが、いずれにしても、個々のコンサルタントの個体差が史上かつてないくらいに大きくなってしまった現在、起用する側が結果を出せる、本物のコンサルタントをしっかりと選んで、正しく起用しないといけない。

そこで本書では以降、いたいコンサル、すごいコンサルを見抜く「10の質問」について解説をしていきたい。「10の質問」とは以下通りである。

●「業界構造」に精通しているか？

▼**質問1**「わが社の属する業界の歴史と構造変化をどう見ていますか？」

●最終提言を「第0日に30秒」で語れるか？

▼**質問2**「今回お願いするプロジェクトの最終提言の仮説は何ですか？」

●どんな数字も「自由自在に」つくれるか？
▼質問3「わが社の中期経営計画で鍵となる施策とその利益効果の根拠は何ですか？」

●能書きではなく「アクション」至上主義か？
▼質問4「わが社が競合に勝つために取るべき最も重要なアクションは何ですか？」

●すらすらと「定石」が出てくるか？
▼質問5「わが社の周辺事業への展開についてどうお考えですか？」

●「直言」できるか？
▼質問6「現在のわが社の戦略で誤っている点、見逃している点は何ですか？」

●組織の「空気感」が分かるか？
▼質問7「わが社の『意思決定プロセスの特徴』をどう見ていますか？」

●「成功報酬」を歓迎するか？

▼**質問8**「今回のプロジェクトは成功報酬でお支払いしてもよろしいですか？」

●「長いプロジェクト」経験が多いか？

▼**質問9**「過去のプロジェクトで最長のもの、最大の効果を出したものは何ですか？」

●「パートナー」がしっかりと時間を使うか？

▼**質問10**「今回のプロジェクトにあなた（パートナー）自身は、どれだけの時間を使ってもらえますか？」

以降の章ではこれらの質問を、起用を検討しているコンサルタントに対して、適切なタイミングで尋ねてみることを想定している。コンサルタントの腕の良し悪しが分かるように、具体例を交えながら「10の質問」と、それに対する「理想的な答え」のポイントを解説していく。

HOW TO
DISTINGUISH
CEO's PRIMARY
COUNSELOR

いたいコンサル
すごいコンサル
を見抜く
10の質問

それでは、コンサルタントの腕の確かさを見抜く、実践的な方法を解説したい。これから紹介する「10の質問」を、起用を検討しているコンサルティング会社を選ぶ際に、プロジェクトを売り込みに来ているパートナーやマネージャーに対し問いかけて、テストをしてみるといい。「10の質問」を通じてなぜ、

「いたいコンサル、すごいコンサル」

を見抜けるのかについて、ここからひとつずつ話を進めていく。

質問

1

わが社の属する業界の歴史と構造変化をどう見ていますか?

「業界構造」に精通しているか?

業界構造変化の理解なしにコンサルティングは不可能

コンサルタントは事実関係の調査、情報収集、現場のインタビュー、定量分析のデザイン、初期仮説の構築、仮説の進化、提言の導出、コミュニケーションのためのパワーポイントスライドの作成、プレゼンテーションスキルなど、「業界普遍の方法論」を身に付け、それを様々な業界に適用してクライアントに価値を提供する仕事とも言える。

第一世代においては、こういった方法論自体が新鮮であったため、クライアント業界の知識が大してなくても、方法論で価値を出せていた面もあったのかもしれない。

しかしながら、コンサルタントの問題解決の方法論が広く知れ渡り、それが大衆化してしまった現在では、問題解決スキルだけでコンサルタントが飯を食うのは至難の業である。どの業界もスピード感を持って変化するなか、担当するクライアント業界の歴史や構造変化に対する深い理解なしに、問題解決スキルだけで「正しい答え」を導くことはできなくなっている。

コンサルタントの業界知識は属人的

クライアント業界をしっかり勉強できているか否かは、実はコンサルタント個々人に任されており、かなり属人的であったりする。目先のプロジェクトが忙しいため、業界の常識や歴史的な構造変化について勉強する機会は、コンサルティング会社内では意外と限られている。

自分が一定期間、担当しているクライアント業界であれば、日常的にその業界の空気を吸っているので、何となくは知っているものの、めったに触れないクライアント業界のプロジェクトに「たまたま」当たってしまった場合などは、ほぼ業界知識ゼロの状態でプロジェクトに臨むことも、実際はある。

大事なのは「プロフィットプール」と「市場シェア対利益率」

これは大きな問題で、いまどきクライアント業界を知らず、地頭の良さと身に付けた問題解決スキルだけで価値を出そうというのは、時代錯誤かつ勉強不足、「いたい」コンサルタントとしか言いようがない。そんなコンサルタントが正しい答えを出せるわけがない。

では、クライアント業界を理解しているというのは、どういうことが求められるのだろうか？　業界の構造を理解する上で大事なことで、基本がしっかり身に付いたコンサルタントであれば当然できる「物の見方」が二つある。「プロフィットプール」と「市場シェア対利益率」の考え方である。

業界の「プロフィットプール」を「バリューチェーン」ごとに描く

プロフィットプールとは、同じ業界に属するすべての企業の「利益の総額」であり、プロフィットプールを捉えれば、業界がどの程度儲かるのか儲からないのか、魅力度が分かる。

プロフィットプールは、バリューチェーンの単位に分けて理解する必要がある。例えば製造業の場合、原材料、部品製造、モジュール組立、製品組立、卸、販売といった感じでステップに分けられるであろう。原材料からの一連の過程で、「価値」を1ステップずつ付加していくという意味から、価値連鎖（バリューチェーン）と呼ばれている。

バリューチェーンごとにプロフィットプールの数字を押さえていくと、各ステップの利

図2-1 「プロフィットプール」の考え方

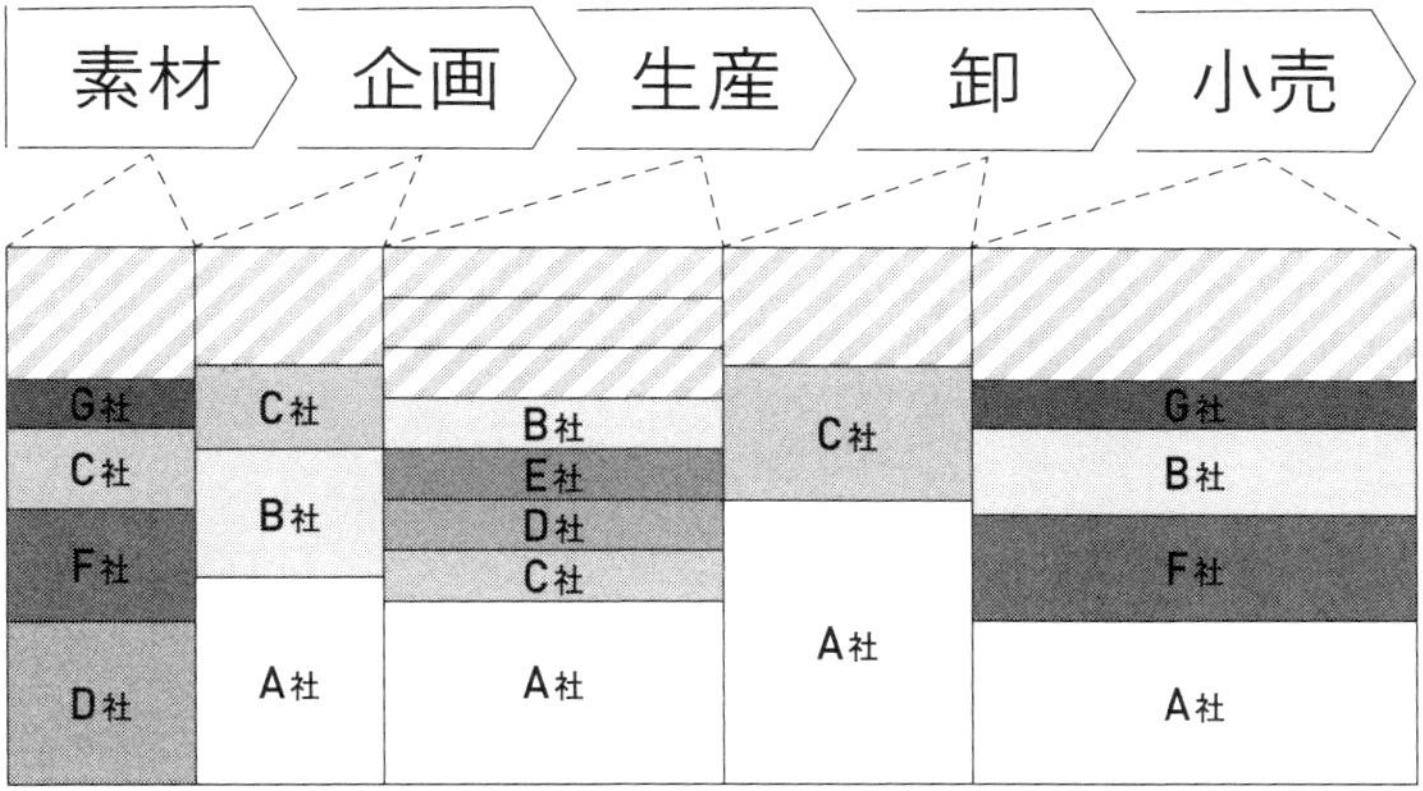

長方形の面積:各社の利益

益の小計額が分かるだけでなく、各ステップによって参画している企業が異なり、参画企業の数、すなわち競合の混み具合も異なっていることが分かる。

また、どの複数のステップをカバーしているかも企業によって異なる。一社がバリューチェーンの複数のステップに参画している場合は、その会社の利益をステップごとに分解して捉える。

別の例としてアパレル業界を見ると、前述の製造業と同じように、素材から始まり、企画、生産、卸、店舗での小売、といったステップに分かれ、各ステップによって参画している企業は異なる（図2-1）。

プロフィットプールをバリューチェー

ンの各ステップに分けて、利益額と参画企業を押さえていくこと自体は、着実にデータを集め、各社の利益構造を見ればさほど難しくはない。しっかりと作業をすればよい。また、業界のプロフィットプールの変化の歴史をたどれば、バリューチェーンのどの部分がどの程度儲かっているのか、どの部分に多くのプレーヤーが参入しているのか、その状況が時とともにどう変化を遂げたのかも分かる。

プロフィットプールが変化する理由

①顧客の行動様式の変化

プロフィットプールが業界の歴史とともに変化する理由は、大きく4つある。一つ目は、顧客の行動様式の変化である。

例えばアパレル業界の場合、10年前と比べると、ファストファッションの存在感が大きくなり、安くて適度にトレンドを押さえた、ある程度おしゃれな洋服が手軽に買えるようになった。

洋服のコーディネートも、昔はファッション雑誌が発信する情報を追いかけることが中心であったが、最近は一般の消費者が自分のコーディネートをインターネットやスマートフォンにアップしており、様々な情報が簡単に手に入る。

また、紙媒体以上に、モデルや芸能人のインスタグラムなどSNSの影響力もかなり大きくなっている。様々な情報が手軽に入手できるようになったことで、例えば安価でシンプルなファストファッションの洋服に、一点豪華的にラグジュアリーブランドのものを組み合わせたりといった、消費者の「自己編集能力」も高まっている。

アパレル企業がコーディネートを提案してセットで売る、という販売方法の難易度が高まっているブランドもある。消費者の選択肢が多くなったため、結果的にトレンドの短期化や小粒化も進行している。

②技術革新

例えば音楽業界は、技術革新とともに録音媒体がアナログレコードからCD、音楽ダウンロードへと進化している。その過程で、業界に名を連ねる企業群も様変わりしている。

カメラ業界も同様で、昔はフィルムの製造、販売、アナログカメラの製造、販売、写真の現像、その周辺商材のビジネスに、様々な企業が名を連ねていた。いまはデジタル化に伴い、デジタルカメラ、画像を記憶するメモリの製造、販売、印刷するためのカラープリンター、プリンターのインク、用紙の製造、販売などに大幅に置き換わってしまい、参画企業も様変わりしている。

③規制・政策、マクロ経済、人口動態

高齢化社会の進展とともに、各種のシニア向けサービスが充実して、介護サービスや老人ホーム運営などの市場規模が成長し、参画する企業が増えていることなどがこれにあたるであろう。

④力関係の変化

これは、バリューチェーン上の参画企業の間の力関係の変化である。ウォルマートやアマゾンが、消費者と直接つながる「ラストワンマイル」の顧客接点を持つことを強みとし、商品を供給している製造者や、卸の企業に対する価格交渉力を強めているのが、典型的な例である。

この程度は必要条件

この程度の話はニュースを見たり、新聞を読んだりすれば分かることであり、コンサルタントの腕を測る以前の初歩的な設問と言えよう。こういった知識すらなければ論外である。

大事なのは、プロフィットプールの変化をどう解釈しているかである。時間とともになぜ、プロフィットプールがどのように変化したのか、あるいはなぜ、長い間変化していないのか、その背景について、自分なりの「物の見方」を持って読み解けているかどうか、これがコンサルタントの腕の確かさを測る上でのポイントとなる。

「業界構造を理解する」とは?

例えば音楽業界を見ると、バリューチェーンは曲が創作されてから、消費者に届くまでの一連のステップであり、時代とともにそのデジタル化が進展している。

その過程でプロフィットプールの総額を見ると、CD周辺にあったプロフィットプールが、単にアップルに代表される音楽ダウンロードプレーヤーのハードウェア提供企業と、インターネット回線業者に流れたと考えがちである。

しかしながら実際は、アルバムの中の曲を一曲単位で「ばら買い」してネットでダウンロードできるようになり、しかも、かなり昔のナツメロまで、CDの在庫の有無によらず手軽にネットでダウンロードして購入できるようになったので、曲を聴くために消費者が支払っている総額が増えている、という見方もできる。こういった事象に加え、特定のプレーヤーが高い利益率を叩き出していることも相まって、業界全体のプロフィットプールは増えているのである。

同じように、デジタル化が進展したカメラ業界においても、アナログカメラからデジタルカメラへシフトする過程で、アナログ時代と比較すると、写真の印刷用紙、カラーインク、メモリなどの周辺事業を中心に、デジタル化とともに業界全体の市場規模が大きく成長し、プロフィットプールの総額は大幅に増えている。

逆にプロフィットプールの変化が限定的な業界もある。日本の保険業界が典型的な例である。なぜ変化が限定的なのか？　人口減と高齢化に伴い少しずつ減少している死亡保険のマーケットを、商品開発力の高度化により医療保険や貯蓄性商品などで穴埋めし、マーケット全体としては微増を保てているという見方もできる。

さらに詳しく日本の様々な分野の保険を見ると、自由化の波に完全に飲み込まれ、米国を中心とする諸外国の「外圧」によって、日本国内で保険商品の価格破壊が起こってしまい、プロフィットプールが壊滅状態に陥り、儲からなくなってしまった保険分野がある。

その一方で、政治的「外圧」ともうまく折り合いをつけ、新しい保険分野への外資の参入を認め、一定程度外資にも日本の保険事業での利益を与えることで、自分たちの伝統的な事業モデルを何とか守り抜いているような分野もある。

同じ保険の中で、なぜこうも違うのか？　突き詰めて考えると、同じ保険業界でも分野によって、実は歴史的に外圧との向き合い方や政治力の巧拙が決定的に違っていたのかもしれない。これが正解なのかどうかは別にして、こういった洞察は業界の深い理解なしには不可能である。

同じように、アパレル業界を見ると、総じて言えば規模の経済が効いており、規模が大きいプレーヤーほど高い利益率を実現しているが、なぜ100億円未満の企業の中には、小粒でも尖ったブランドを持つプレーヤーが数多くいるのか。宅配の食品ネットスーパーは儲からず、すでに撤退しているプレーヤーもいる一方で、なぜアマゾンは1時間配送サービスを提供できているのか、なども業界の歴史とプロフィットプールの構造変化を見れば洞察できる。

まだ行く末が分からない業界もある。例えばリテール金融におけるフィンテックのインパクトなどは、誰も予見できていない。既存の大手金融機関側が、うまく最新技術を取り込んで、有象無象のベンチャー企業群を脅威ともせずに乗り切り、自分たちのプロフィットプールを守れるのか。あるいは金融機関以外のグーグル、アップル、フェイスブックなどが、リテール決済の覇権を握ってしまうのか。いま全く知られていないプレーヤーが突然台頭して覇権を握るのか？　10年も経てば誰が見ても後講釈ができるようになっているだろうが、いまは分からない。

コンサルタント自身が「物の見方」を持っているか

プロフィットプールの変遷と、その背景にある業界構造変化がなぜ起こったのかを理解し、完全な正解や未来の予言はできないにしても、自分なりの「物の見方」を持てていることが、コンサルタントとして不可欠である。それができていないコンサルタントには、クライアント業界の正しい戦略を導くことができないのは言うまでもない。

「市場シェア対利益率」

プロフィットプールと同様、業界構造を見る上で大事なもうひとつの考え方は、「市場シェア対利益率」である（図2－2）。横軸に市場シェア、縦軸に利益率をとって、業界の各社をマッピングした上で、規模を考慮した業界内での適正収益率の幅（平均レンジ）を描けば、

図2-2 「市場シェア対利益率」の考え方

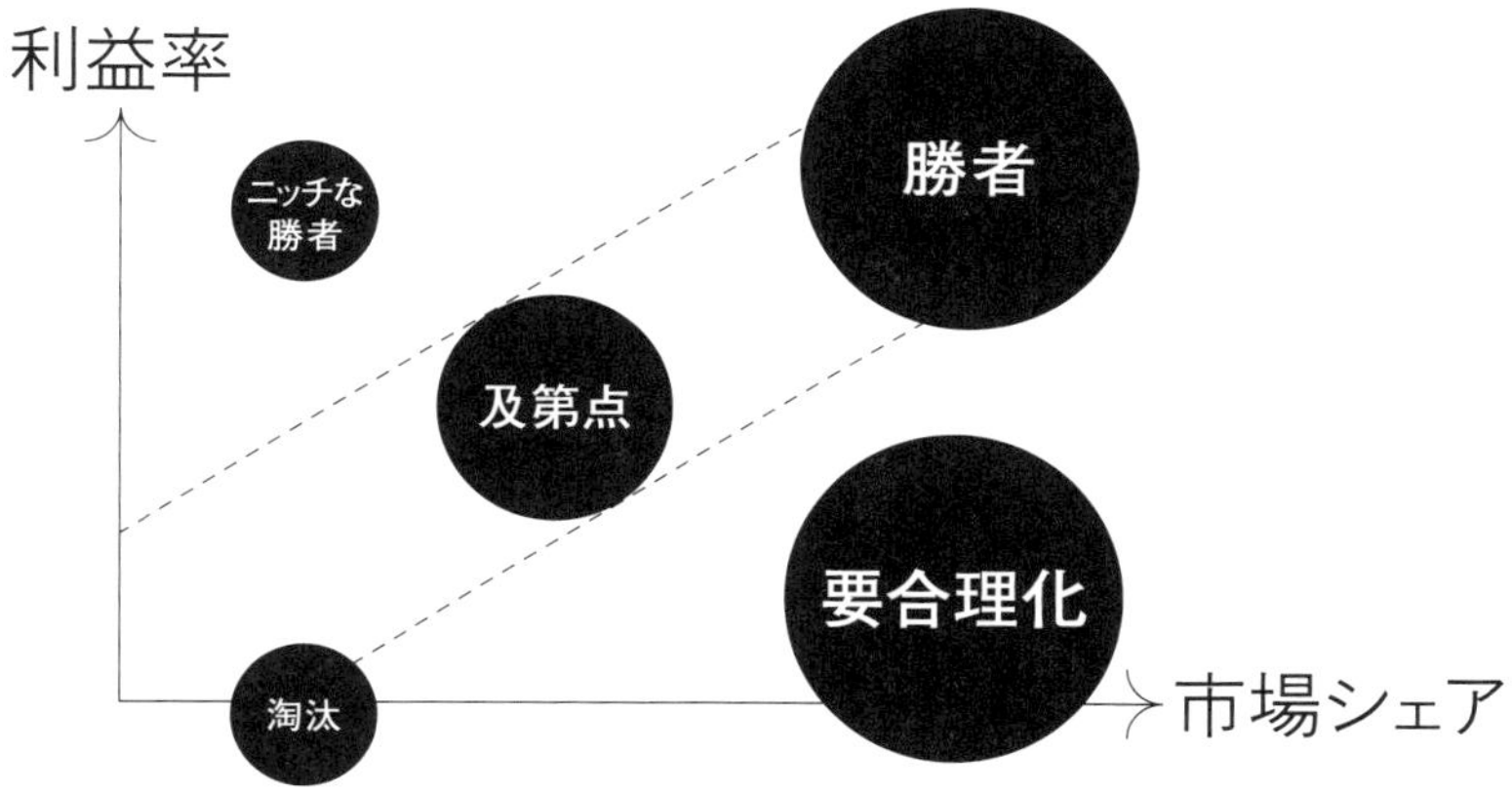

円の大きさ:各社の売上規模

自社の基本的な打ち手が見えてくる。平均レンジに収まっている企業は規模と収益性で見て「及第点」と言えようが、ここでは特徴的な立ち位置にいる企業について話を進めたい。

「右上」は勝者

規模の経済が効く業界であれば、規模が大きいほど高収益率を実現しやすい、すなわち、右上のプレーヤーほど強くなる。自社がすでに、相応の規模を誇る大手の一角を占めており、業界標準並みの利益水準が確保できているのであれば、業界内の小規模プレーヤーを買収・淘汰し、業界再編をリードし、最終的に

"Winner takes all"（勝者の総取り）を目指す、というのが大きな方向性であろう。

「右下」は合理化が必要、「左下」は存在意義を再考しないといずれ淘汰

一方で、右下に位置する企業の場合、規模のわりには収益性に課題があり、コスト削減や粗利の改善余地が競合よりも大きい。少なくとも平均レンジに到達するまでは、合理化や利益率の底上げに注力すべきであろう。

また、左下のプレーヤーは規模が不十分で収益性も低い。自力で頑張り続けるためにはよほどの差別化策が必要であるものと、自身の立ち位置を理解すべきであり、さもなくば、いずれ淘汰されてしまうであろう。

「左上」は小粒だが尖った勝者

左上に位置する企業は、規模は小さいが高収益な企業であり、例えば小粒でも尖っているラグジュアリーブランドや、特定の顧客にプレミアムサービスを提供し、顧客から高い

支持を得られている企業がこれに該当する。

このポジションにいる場合、圧倒的な収益性を維持しつつ規模の追求を開始するか、いまのプレミアムポジションを強固にすべく、ブランド力、価格プレミアム力の強化を追求するかである。こういった基礎的な分析からも、業界内での立ち位置が理解できれば、実は大まかな戦略方向性が分かる。

結果を出せるコンサルタントを見抜く質問

以上を踏まえて、結果を出せるコンサルタントを見抜くには、「うちの業界の業態寿命についてどうお考えですか？　国内外での業界の歴史や業界構造の変化、その中でのわが社の立ち位置など、わが社が戦略を構築するにあたり、外部環境変化について何を考慮すべきだとお考えですか？」と尋ねてみよう。この質問に対して、**市場シェア対利益率で見た競合上のポジショニングなどの考え方を駆使し、分析的な視点で語れるか。また、プロフィットプール、バリューチェーンの変遷、業界の歴史的な動きを正しく理解し、その変化がなぜ起こったのかについて自分なりの見解を持っているかどうか**、が見るべきポイントである。こういったことを自分で勉強せず、目先のプロジェクトの作業だけにあくせくしているようなコンサルタントの場合、言葉に窮してしまうであろう。

質問

2

今回お願いする プロジェクトの 最終提言の仮説は 何ですか？

最終提言を
「第0日に30秒」で語れるか？

30秒で語るエレベータートーク

コンサルタントとして重要なスキルのひとつは、本当に伝えたいことを簡潔にまとめることである。世のコンサル本で紹介されてすでに有名になっているが、「エレベータートーク」という言葉がある。

クライアント先の社長と、偶然に同じエレベーターに乗ることになり、「わが社の課題と解決策は何かね？」と聞かれたときに、とっさにでも簡潔に、エレベーターで社長と時間を共にする30秒間で大事なポイントを伝えられるかどうかを問うものだ。

これは、「コンサルタントとして常に仮説を持ち、それが簡潔に頭の中で整理されており、いつでも即答できる。さらにその仮説を、日々のプロジェクトの事実収集とともに進化させていく」という基本動作ができているか否かが試されるテストである。

大事なポイントは100個もない

事業会社の企画担当でも同じことが言えるが、大事な戦略はA4判の紙1枚に箇条書きで整理できるくらいに、簡潔にまとめられているべきである。それができていないのは、要は頭が「とっちらかって」整理されていない、枝葉を削いだ本当に大事なことが分かっていない、優先度の高い施策が何かが分かっていない、その証拠と言わざるを得ない。

「A4判の紙1枚」というのは、コンサルタントの最終報告書の1ページ目にあるエグゼクティブサマリー、すなわち、忙しい社長に「これだけは伝える」ことをまとめた要旨であり、エレベータートークで語れるべき内容とも一致する。

A4判の紙1枚ということは、箇条書きの1段目の項目が3〜5、2段目の項目がそれぞれの一段目につき2〜3程度あるくらいの文字量である。大事なポイントは100個もないので、1枚にまとめることができてしかるべきなのである。

要旨は1枚で、資料編は何百ページあっても良い

コンサルタントの成果物はパワーポイントの資料で、何百ページにも及ぶものが出てくることもある。ファクト、分析全集としてはこの類いのものは何百ページあっても問題ないが、要旨はしっかりと1ページにまとめ上げられていることが、コンサルタントの腕を測る上でポイントとなる。大事なポイントは3つとか、5つとか、多くても7つくらいに整理されるはずである。

余談ではあるが、個数自体は別に4つでも6つでも8つでも9つでもよいのであるが（10個は多い？）、コンサルタントは3、5、7が頭に入りやすいと、昔から教育されている。

「パターン認識」で磨かれる

コンサルタントは、過去のプロジェクトの累積経験とともにスキルが磨かれていかなければならない。累積経験のあるコンサルタントは、プロジェクトの最終報告の要旨を開始前から一定の確度を持って書ける。過去のプロジェクト経験を自身の「引き出し」として、それが自分の血肉になっているからである。

「第0日」に7割方正解を書けるか

同じ業種や、類似業種の同じようなテーマのプロジェクトを過去に経験しており、プロジェクト開始前から「7割方正解」の提言を難なく書けるのが、真のプロフェッショナルであるコンサルタントの証である。

事実関係の調査収集、定量データや分析が全くない状態で、筋の良い答えが書けるには、過去の累積経験に基づく「パターン認識」と、順序立てて考えを整理する「論理的思考力」、クライアント業界の空気感をイメージして直感的に適切なアクションを導き出す「想像力」を兼ね備えていることが必要であろう。

それでは「第0日」の仮説として、コンサルタントとしてプロジェクト開始前に「これくらいは書けなければ失格」というもののレベル感を理解していただくために、具体例を2つ挙げたい。

「第0日」の仮説例①——成長戦略

具体例の1つ目は、消費財企業の成長戦略の最終提言の仮説である(図3)。成長戦略なので、市場と競争環境の変化を理解した上で、自社が優先的に狙うべき顧客と、そこでの戦い方、それでなぜ勝てるのか、その財務効果、戦略的な意味合いがシンプルに要点を絞って整理されていればよい。

話の流れとしては、1つ目の箇条書きで、プロフィットプールの過去の変化とその中でのクライアントの実績を記述している。

図3　「第0日」の仮説例①—— 成長戦略

国内A業界のプロフィットプールは持続的に成長しており（2010年X億円→2015年Y億円）、その環境下でX社も過去5年間、着実な利益成長を遂げてきた（市場シェア1.5倍、営業利益2倍）

今後もプロフィットプールは、年率5%での成長が見込まれるものの、X社にとって必ずしも望ましいかたちではない

・X社が得意とする富裕層顧客セグメントXでは市場の成長は微増に留まる

・競合Y社が顧客セグメントX'で安価なサービス提供を拡大し、顧客セグメントXの一部がX'へ流出している

・マス顧客をターゲットとするZ社が急成長を遂げ、顧客が体験価値よりも即物的な価値を重視する傾向が、A業界のすべての顧客に広く伝播されてしまうリスクが顕在化している

こういった市場・競合の状況下、X社が持続的な利益成長を実現する上で重要な施策は以下の3つ

1 顧客セグメントXでの圧倒的優位の構築：顧客ロイヤルティをさらに向上させる上で鍵となるB、C、Dの実施を通じた「顧客内シェア」の向上

2 顧客セグメントX' で強いY社への対応策：顧客セグメントX'向け専用商品の開発と、E社とのパートナーシップによる大規模拡販策の展開

3 マス顧客向け認知度向上策：X社のサービスの上質感をマス向けに認知させるプロモーションの拡大と、デジタルプラットフォームによる効率的な価値提供

これらの施策によって今後3年で市場シェアF%、営業利益G億円の実現が目指せる。必要投資額はH億円で、3年で投資回収が可能

施策を推進する上で鍵となるのは、異なる事業を展開するI事業部とJ事業部の協働体制の構築。これが実現できると業界初のモデルとなり、今中期計画期間に競合を圧倒的に凌駕できる

「国内のA業界のプロフィットプールは、2010年のX億円から2015年のY億円まで持続的に成長しており、その環境下で、X社も過去5年間着実な利益成長を遂げた。5年前と比較するとX社の市場シェアは1・5倍、営業利益は2倍となった」

ここのくだりは、簡潔な過去の振り返りということに加えて、クライアントが疑問を持たない当たり前の話から導入部分を始めていることも、クライアントの頭にすっと入りやすいという観点から重要なポイントである。

次に、2つ目の箇条書きで、プロフィットプールの今後の変化と、そのクライアントにとってもたらす意味合いを述べている。「今後もプロフィットプールは、年率5%での成長が見込まれるものの、X社にとって必ずしも望ましいかたちではない」。ここは、いままでは順調だったが、今後はこのままでは、なかなかうまくいきませんよ、という問題提起をしてクライアントの関心を惹く箇所である。

クライアントに「なぜそうなのか?」という疑問を持たせ、それに対して2つ目の箇条書きの2段目の項目で、3つの理由をまとめている。顧客セグメントとして「X、X'、マス」の3つに分けて、それぞれの顧客セグメントでの市場と競争環境について語っている。

1つ目が、「X社が得意とする富裕層顧客セグメントXでは市場の成長は微増に留まる」。これは、X社は富裕層顧客であるプレミアムセグメントXに対して卓越した体験価値を提供し、高い利益率を誇っている企業であるが、市場全体は引き続き成長するものの、その顧客に限って言えば、今後の成長余力、伸び代は限定的であろうと言っている。

2つ目が、「競合Y社が顧客セグメントX'で安価なサービス提供を拡大、顧客セグメントXの一部が、顧客セグメントX'に流出している」。これは、準プレミアムセグメントである顧客セグメントX'に対して、X社よりも売上規模が大きい競合Y社が価格破壊を加速し、それに気付き始めた一部のセグメントXの顧客も、X'に流出しているという事実を記し、X社にとってすでに相応の脅威となっていると述べている。

3つ目が、「マス顧客をターゲットとするZ社が急成長を遂げ、顧客が体験価値よりも即物的な価値を重視する傾向が、A業界のすべての顧客に広く伝播されてしまうリスク」。これは、マス顧客をターゲットとするZ社が急成長したことを述べている。

いまのところX社とZ社は、戦っている土俵が異なるので、直接的に顧客を奪われる事態は起こっていない。しかしながら、Z社がさらに広く顧客に浸透し、A業界において「卓越したサービスに価格プレミアムを支払う」という行動様式自体を希薄化させてしまうようなことが起こると、将来的にX社は大打撃を受けるリスクがある、という問題提起をしている。

1つ目、2つ目の箇条書きで述べた市場、競合、顧客に関する事実を踏まえ、3つ目の箇条書きでは、クライアントが持続的な利益成長を実現する上で、特に重要な施策を述べている。これも前述の3つの顧客セグメント(X、X'、マス)別の対応策というかたちで整理されている。

1つ目が、「顧客セグメントXでの圧倒的優位の構築:顧客ロイヤルティをさらに向上させる上で鍵となるB、C、Dの実施を通じた『顧客内シェア』の向上」。

2つ目が、「顧客セグメントX'でのY社への対応策:顧客セグメントX'向け専用商品の開発と、E社とのパートナーシップによる大規模拡販策の展開」。

3つ目が、「マス顧客の認知度向上策:X社サービスの上質感をマス向けに認知させるプロモーション、デジタルプラットフォームによる効率的な価値提供」である。

このあたりは、あくまで初期仮説なのでプロジェクトでしっかりと検証することが必要であるが、大枠の戦略の考え方は、①現状の強みをさらに確固たるものにする、②顕在化している競合の脅威に対して、他社とのパートナーシップを構築して対抗する、③業界全体の大衆化の流れを防ぐために、マス顧客にもX社のプレミアム価値をしっかりとコミュニケーションするとともに、業界全体が機能価値だけに振れてしまわないように、情緒的な体験価値に価格プレミアムを支払う行動様式を維持、伸長する——この3点に集約される。

4つ目、5つ目の箇条書きでは、こういった施策の期待効果と、実行する上で困難が生じそうな箇所、最後にその困難を乗り越えることができた暁に達成しうることの、業界における戦略的な意味合いを述べ、トップマネジメントがこれをやるべきかどうかについての思考を促し、全体の話を締めている。

「第0日」の仮説例②——本社の効率化

具体例の2つ目は、業界普遍であり、かつ経営トップとしてはできれば避けたい人員削減のテーマ、本社組織の効率化の最終提言の仮説である（図4）。

こちらも中身はシンプルであるべきで、効率化で期待される財務効果、その根拠となる施策、なぜ、現状の非効率がもたらされているのかについての簡単な解説、実行上の留意点、それを実行することの自社にとっての戦略的な意味合いを述べている。

話の流れとしては、1つ目の箇条書きで「X社の本社の効率化余地は、現状の1000名に対して200名・10億円、人数ベースで20％程度。これを実現すると、競合他社及び自社の過去の水準と比べても、競争力のある組織となる」というかたちで、初めに「最後

図4 「第0日」の仮説例②—— 本社の効率化

X社の本社の効率化余地は、現状の1,000名に対して200名・10億円、人数ベースで20%程度。これを実現すると、競合他社及びX社の過去の水準と比べても、競争力のある組織となる

効率化策は、①企画管理部門のスリム化、②業務量と比べ冗長な人員の適正化、③外注化による単価低減、④業務プロセス簡素化の4つ

1 **企画管理部門のスリム化**(40名減):過去の積極的な中途採用、余剰人員受入を主因に肥大化した本社を、組織の箱・階層の適正化、過渡的な業務の終了により、競合Y社水準まで最適化

2 **業務量と比べ冗長な人員の適正化**(60名減):各拠点の裁量が大きいため、本社で集約的に実施している業務でも拠点に人員が残り、独自業務を作ってしまっている(例:A業務、B業務、C業務)

3 **外注化(アウトソーシング化)による単価低減**(30名減):自前主義を背景に、業務の難易度と比べ、高い人件費の正社員が行っている例が散見される(例:D業務、E業務、F業務)

4 **業務プロセスの簡素化**(70名減):各部門でバラバラに行っている業務が、全社で見て業務の重複、プロセスの複雑化・不統一、必要性の低い業務を生み出している。例えば——

G部門、H業務の自動化、I業務の実施基準の統一により30名の最適化余地

施策の実行にあたっては、①顧客接点を持つ業務はプロセス変更に際し、十分なコミュニケーションと移行期間を設ける、②業務変更の困難点と対応策は、社内キーパーソンを巻き込み協議する、③難易度の高くない施策は進捗管理を徹底して速やかに進める

これらは単なるコスト削減ではなく、X社が市場環境悪化の中で事業規模に見合った収益性を実現するために不可欠な施策である。また、過去の経営の非効率、誤った経営判断を刷新し、新たなスタート台に立つことが、業界の先駆者であったX社が再度、そのDNAを発露し、業界再編をリードしていくための第一歩となる

の答え」と、それが実現されると業界内でどういった存在になれるのかを述べて、関心を惹いている。逆に、この時点でもう経営トップに「この話は要らない」と言われてしまうリスクもある、チャレンジングな文章構成ではある。

2つ目の箇条書きで、効率化の4つの施策の考え方である、①企画管理部門のスリム化、②業務量と比べ冗長な人員の適正化、③外注化による単価低減、④業務プロセスの簡素化——を述べ、2段目でそれぞれの具体策を記している。

具体策は、「①企画管理部門のスリム化（40名減）：過去の積極的な中途採用、余剰人員の受け入れを主因に肥大化した本社を、組織の箱・階層の適正化、過渡的な業務の終了により、競合Y社水準まで最適化」というように、なぜ、現状組織が肥大化しているのか、どういったアクションを取ることで、どれだけ効率化が可能なのか、を簡潔に記している。残りの3つの施策も同様である。

3つ目の箇条書きでは、施策を実行する上での留意点を記している。コンサルタントが過去に同様のプロジェクトを経験していれば、その経験を活かし、プロジェクト開始前から、リスクと対応策をある程度予測できるべきところである。

4つ目の箇条書きでは、施策のクライアントにとっての意味合いを記している。単にコスト削減、人員削減というとネガティブなイメージだけが付きまとうが、それがクライアント企業の再生にとって不可欠な第一歩であることを、競合環境や過去にクライアント企業が行ってきた意思決定と照らし合わせて、淡々と述べている。

このレベルの「7割方正解」の答えがプロジェクト開始前にできていれば、プロジェクト期間で事実収集、分析とともに「残り3割」の部分について、軌道修正をかけていけばいいので、効率よくプロジェクトを回すことができる。

それができないコンサルタントのプロジェクトは実効性が落ちる

逆に、「いたい」コンサルタントに当たってしまうと、初期仮説の的確性が低く、プロジェクト中の軌道修正にも手こずり、多方面にわたる無駄な事実の収集、調査、考えうるすべての分析を、とりあえず仮説を持たずに網羅的にメリハリなくやろうとする、いわゆる「ボイル・ザ・オーシャン(Boil the Ocean=実現不可能なことを、やろうとすることの例え)」型のプロジェクトになってしまう。

そして、プロジェクトの中盤くらいまでは分析結果と作業報告だけがなされ、分析資料の量だけはやたらと多く、終盤の大詰めになってようやく答えらしきものが出てくる。

しかし、プロジェクトのもう残りわずかな時期になってようやく提言らしきものが出てきても、起用する側からすると、プロジェクト期間中に社内で議論する時間も十分にとれず、社内のキーパーソンの腹落ち感に不満が残り、提言が実行される可能性が低くなってしまう。プロジェクト開始前から筋の良い答えが書けるコンサルタントと仕事をしないと、プロジェクトの成功確率がかなり低くなってしまう。

戦略は"Where to play"と"How to win"

プロジェクトの開始前に自社の「戦略提言のまとめ」を依頼する上で、もうひとつ見るべきポイントがある。戦略を語る上では大きく"Where to play"（どこの土俵で戦うべきか、それはなぜか?）"How to win"（決めた土俵で勝つためには、具体的にどういったアクションをとるべきか?）の2つがある。

前述したプロフィットプールの変化とその背景の要因を探ると、いまこの業界ではバリューチェーンのどの部分をうまく押さえると儲かるのか、魅力ある事業が構築できるのかが分かる。これが"Where to play"である。

難しいのは“Where to play, when, why?”

どの土俵で戦うべきかが分かれば、実は「どうやって勝つか?」はそんなに難しくない。業界内におけるその時代のゲームのルールを正しく理解すればよい。

一方で、本当に難しいのが“Where to play, when, why?”である。なぜ、いま、この土俵で戦うべきなのか? 後講釈であればいくらでもできるが、予見するのはなかなか難しい。プロフィットプールを書けばある程度の手がかりは得られるが、それでも予期せぬ天変地異とでも言うべき大きな変化が起こるのが現実世界なのである。

“How to win”は、競合のベストプラクティス(成功事例)を参考に、業界のゲームのルール、勝ちパターンを理解し、その半歩先を行くような差別化策を考えればよい。あとは、それを実行するための組織をつくり、オペレーションを設計し、着実に実務を遂行するのが鍵となる。

「いたい」コンサルタントは“Where to play”の重要性を見落としがちで、そこをあまり深く考えずクライアントの現状の事業領域を所与とする。そして“How to win”の論点のみに集中してしまう傾向がある。「結果を出せる」コンサルタントは“Where to play, when, why”の難しさを理解しており、そこを突き詰めて考えているので、1枚にまとめた「戦略の提言」でも、その点が伝わってくる。

結果を出せるコンサルタントを見抜く質問

結果を出せるコンサルタントを見抜く質問は、「今回お願いしようと考えているプロジェクトの最終提言を、仮説で構わないので簡潔に1枚の紙にまとめてもらえますか?」である。この質問に対し、**業界で長く勤め、業界や競合の動き、自社の状況について暗黙知も含めて体感している起用者側から見て、「まあこんな感じかなあ、一般論ではなく業界の事情をよく分かっているなあ」と思える納得感ある答えが簡潔に出てくれば、そのコンサルタントは有望である。**

あるいは、そのA4判の紙1枚のまとめを社長に見せたらどう反応するかを想像し、見せても怒られないレベルかどうかを考えてみるのもよい。可能であれば、実際に社長に見せてもよいだろう。

業界の一般論に終始していたり、話があちらこちらに飛んだり、事実や知識の羅列に過ぎなかったり、聞いただけで自社では到底アクションがとれなそうな現実感のないことばかりが並べ立てられていたり……。そういうまとめを出してくるようなコンサルタントの起用は、言うまでもなく避けるべきである。

質問

3

わが社の中期経営計画で鍵となる施策とその利益効果の根拠は何ですか？

どんな数字も「自由自在に」つくれるか？

四則演算で「因数分解」する

コンサルタントが、クライアントに提言をする上での思考の「第一歩」は、物事をシンプルな四則演算で「因数分解」することである。因数分解ができた後は、その各要素について具体的な改善アクションを考えていく工程に移る。

従って、因数分解ができないと何も始まらない。例えば、利益向上の施策を導くために、一番簡単な因数分解は何であろうか？「利益＝売上－コスト」である。

P／Lを「因数分解」

もう少しかみ砕くとすれば、「営業利益＝売上－原価－戦略的費用－その他間接費」といった感じである。ここまで分解できれば、営業利益を最大化させるには、売上を伸ばし、原価率を下げ、プロモーションなどの戦略的費用を必要に応じて増やすことで前向きな機運をつくり、顧客に直接的な価値をもたらさないその他の間接費は極力下げる、という施策との紐付けができる。

因数分解ができなければ、こういった施策を考えることはできない。

原価を「因数分解」

さらに、四則演算で細かく因数分解していくと、以下のようになる。

例えば飲食事業における各メニューの製造過程では、原材料がいくらで、メニュー別の原価率はどの程度で、どのメニューを何点つくったか。店舗での販売過程では、どのメニューは定価がいくらで何点売れたか。売れ行きが良くない商品は、価格政策を変えると売れ行きがどう変わり、それでもどれだけ売れ残って廃棄したか。以上の過程で、廃棄コストを考慮した原価率は結局どの程度になったか。

顧客の行動様式を「因数分解」

例えば、アパレル事業における店舗での接客の因数分解は、以下のようになる。

ある店舗では時間帯別に、何人のお客さんが店の前を通り、何人が入店したか、入店客のうち、何人がどのディスプレイの前で立ち止まり、何人が商品を手に取り、何人が試着室まで足を運び、何人が購買に至ったか。販売スタッフ1人あたり、1時間あたり何人を接客し、そのうちの何パーセントのお客さんに、平均いくつの商品点数を販売できたか、合計いくら売ることができたか、顧客の平均購買単価はいくらか。

顧客の購買行動分析では、購買金額の大きい上位何割の顧客で、会社全体の何割の売上を占めているのか、そのうち、特にたくさん買ってくれている上顧客は、年間何回来店して、1回あたり平均いくら、何を買ってくれているか。商品別の価格設定はいくらが妥当か、同じ商品で前年と比較して価格を何パーセント上げると、客数は何パーセント変化するか、商品別に、売上を最大化する均衡点となる最適な価格設定はいくらか。

コストを「因数分解」

例えば、小売業全般における店舗運営コストについては、店舗の固定賃料がいくらで、変動分は売上の何パーセントを家主に支払うのか、その他の共益費、水道光熱費、IT使用料、プロモーション費用はいくらか、販売員の人件費、本社費の配賦まで考えると、1店舗あたりのコストはいくらか、これは売上と見合っているか、などである。

以上、当たり前の「四則演算」の積み重ねであるが、こういうかたちに因数分解することで、どの部分でどれ位の改善をすれば大きな財務的成果が出るか、という感度が分かる。

ROE経営も「因数分解」から始まる

日本でもROE（自己資本利益率）を意識した経営が一般的になりつつあるが、これも四則演算で因数分解するとアクションにつながる意味合いが出てくる。

「ROE＝純利益÷株主資本」であり、これを「純利益÷税前利益」×「税前利益÷売上高」×「売上高÷総資産」×「総資産÷株主資本」というように、分母分子に税前利益、売上高、総資産という3つの概念をかませ、分母分子で互いに打ち消しあって、掛け算の数式が最後はROEになるように分解する。

そうすると、1つ目の「純利益÷税前利益」は、稼いだ利益のうちどれだけ税金を納めるか、すなわち海外事業を含めた移転価格政策や、連結納税を視野に入れた税の最適化策につながる。

2つ目の「税前利益÷売上高」は、本業の利益率に他ならない。

3つ目の「売上高÷総資産」は、いかに少ない資産で大きな売上を上げるか、在庫回転効率を高める問題である。

4つ目の「総資産÷株主資本」は、同じ資産でも銀行借入や社債調達を自己資本（株式）に対してどの程度持つべきか、レバレッジの政策である。

ＲＯＥを最大化するということは、この４つを同時追求的に高めていくことに他ならない。コンサルタントとして財務的成果が出るような意味のある提言ができるためには、こういった四則演算による因数分解は必須なのである。

日本のガソリンスタンドの数は？

このような感じで因数分解した上で次に考えるべきことは、因数分解された各要素を現実感のあるかたちで最適化するための施策を組み立て、その効果を定量化することなのであるが、コンサルタントがどうやって「数字をつくる」のかを理解していただくために、コンサルティング会社の入社試験でよく出題される、数字感覚のテストを紹介したい。

コンサルティング会社の入社試験問題の１つに、「日本にガソリンスタンドは全部で何軒あるかを推定してください」という問題がある。知識を問うているのではなく、常識的に知っている簡単な数字を組み立てて、四則演算で規模感を推定するのである。

需要側の推定方法

答えは、例えば以下のようになる(図5)。日本の人口は1・2億人、一世帯3名と仮定すると4000万世帯。乗用車の世帯あたり保有率を8割とすると、約3000万台の車が日本国内で稼働している。毎週末に平均100キロ走るとすると、1年は約50週なので、年間5000キロ走行する。燃費はリッター10キロとすると、燃料タンクは50リットルの容量として年間10回程度の給油が必要ということになる。3000万台の車が、年間10回給油をするので、総計で延べ年間3億回の給油が日本全国で発生していると考えられる。

ここまでが、需要規模の推定である。

供給側の推定方法

次に、供給側のガソリンスタンドについて考える。ガソリンスタンド一軒で、1年間に延べ何回の給油に対応できるだろうか。例えば10分に1件、1日10時間営業で給油に対応しているとすれば、1日あたり60回の給油、1週間で約400回、年間2万回の給油に対応していると概算できる。そうすると3億回/年÷2万回/軒・年=1万5000軒のガソリンスタンドが存在しているという計算になる。

もっと厳密に考えるのであれば、ガソリンスタンドの収支計算をして、年間何台分の給

図5　コンサルタントの「定量化技術」

もっともらしく見える数字の組み立てが……
乗用車総数 × 1台あたり年間給油回数 ÷ スタンド1軒あたり年間給油可能回数 = スタンド数
3,000万台
10回
2万回
約15,000軒
人口
1.2億人
世帯あたり人数
÷3
世帯数
4,000万世帯
乗用車保有数
×80%
週末走行距離
100km
週末数
×50週/年
年間走行距離
5,000km/年
平均燃費
÷10km/ℓ
タンク容量
÷50ℓ
給油可能回数
10分に1回（6回/時間）
スタンド営業時間
×10時間
1日あたり給油回数
60回
1日→1年
×365日
前提条件を変えれば、簡単に大きく変わる
給油ステーション1基を5基（10分に1回給油→5回給油）にした場合
スタンドの営業時間1日10時間を15時間にした場合
給油可能回数 × スタンド営業時間 = スタンド1軒あたり年間給油可能回数 → スタンド数
5倍
1.5倍
7.5倍
約2,000軒

油をさばかないと、黒字化できないかなどを考えてもよいだろう。

ちなみに、この問題の正解はグーグルで検索するとすぐにだいたいの数字が分かるが、直近でガソリンスタンドは日本に1万6000軒程度存在するようである。従って、ここで述べた答えは当たらずといえども遠からず、数字の規模感を捉える上では比較的「筋が良い答え」と言えそうである。

コンサルタントの「定量化技術」に注意

こういった数字の組み立て力は、コンサルタントにとって重要なスキルである一方で、起用者側として注意が必要なのは、前提条件を「ちょこっと」いじるだけで、自由自在に欲しい数字がつくれてしまうことである。

例えば、供給側の理屈で述べたガソリンスタンド1軒あたりの年間給油対応件数の部分は、かなり「恣意的」に操作ができる。仮にスタンド1軒につき給油ステーションが5台あり、それぞれが10分に1件、1日15時間営業して給油対応する、というふうに前提条件を変更するだけで、ガソリンスタンド1軒あたりの対応可能給油件数が7・5倍にもなる。そうすると1万5000軒だった推定値が、2000軒になってしまうのである。

数字をフカしていないか、慎重な精査が必要

こういう「からくり」なので、起用者側はコンサルタントのつくる数字の妥当性を、現実感を持って精査することが重要である。起用者側が精査できない場合、コンサルタントはつくりたい数字がつくり放題、と言っても過言ではないだろう。

コンサルタントからすると、プロジェクトの最終提言のプレゼンテーションで「こんなに効果のある提言です！」と、話を大きくしたいときは、期待効果の数字を大きくするのが一番簡単でかつ効果的なのである。

コンサルタントが数字を「フカす」手口

ガソリンスタンドの例はシンプルすぎるだろうが、実際のコンサルティングプロジェクトで数字を大きくしたいときによく使う「手口」は、市場規模を推定する際に、日本と米国を比較し、あと5年すると何々の何々比率が米国並みになる、という理屈を定量化で使えばかなり大きく数字をフカせることが多い。

日本が数年後に本当に米国並みになるものもあるが、比べるべきではない文脈のものも

たくさんある、様々な事情の違いが絡み合っており一概に言えないケースもある。

もう1つよくあるのが、施策の効果試算で社内のベストプラクティス並みのパフォーマンスが全社に展開される、という論法である。これもベストプラクティスと同じにはなかなかならないところに、現実世界の難しさがあるわけで、実現の掛目を8割としても、依然、疑わしい数字であるケースが少なくない。

別の例では、金融機関のプロジェクトの場合、ある施策で融資資産額の利幅が数十ベーシスポイント（100ベーシスポイント＝1％）改善する、といった定量化には注意が必要である。金融機関の企画担当の方には釈迦に説法であろうが、融資資産額のように1000億円、1000億円規模の数字に、ベーシスポイントの小さい数字だからといって不用意に掛けてしまうと、数字が簡単にフカせてしまう。

数字の感度を理解すること、センスなく異常に大きくフカされた数字に対してはビジネスとして現実感のある判断を、起用者側ができなくてはならないことの重要性が、理解していただけたのではないだろうか。

結果を出せるコンサルタントを見抜く質問

コンサルタントのスキルを起用する前に見抜く目的では、「わが社の中期経営計画で3年後に達成を掲げている営業利益X億円を、直近の営業利益Y億円を発射台に、仮説でいいので施策の効果の積み上げを概算してもらえますか？」と尋ねてみるとよい。この質問に対して、**シンプルな四則演算で因数分解ができて、施策とその想定効果について、規模感や物事の程度、度合いをわきまえて、現実的な前提を立てて数字を組み立てることができるかどうかを評価するのである。**

コンサルタントが因数分解すらできないのは論外だが、個々の施策の効果試算の細かな理屈の積み上げ方法、すなわち何でいくら、なぜか、と施策の優先順位の付け方は、コンサルタントによってセンスの「個体差」が出る。「数字」に強く、物事の規模感、程度、度合いをわきまえた現実的な話ができるかが、重要なポイントである。

「因数分解」別の事例

利益を最大化させる上での、トップラインとコストの典型的な因数分解例を示したが、別の事例として、営業生産性を考えるための因数分解についても紹介したい。

営業生産性はかけた営業コストに対して営業粗利がどれだけ稼げているかが、財務的成果を実現する上で重要となる。従って、目的関数とすべきは「営業粗利÷営業コスト」である。この算式の分母分子に稼働時間を挿入すると、〈営業粗利÷稼働時間〉×〈稼働時間÷営業コスト〉の2つ（前者と後者）に分解される。

前者の〈営業粗利÷稼働時間〉は、稼働時間あたりの営業粗利なので「営業効率」を表している。この式にさらに分母分子に営業人数を挿入すると、〈営業粗利÷営業人数〉×〈営業人数÷稼働時間〉となる。〈営業粗利÷営業人数〉は営業1人あたりの営業粗利であり、〈営業人数÷稼働時間〉同じ営業人数の下で、いかに同じだけ稼ぎながら稼働時間を短くするかという、営業の時間効率の問題となる。

後者の〈稼働時間÷営業コスト〉は、営業コストあたりの稼働時間なので「営業効果」を表している。これにさらに分母分子に総労働時間を挿入すると、〈稼働時間÷総労働時間〉×〈総労働時間÷営業コスト〉となる。

〈稼働時間÷総労働時間〉は、総労働時間のうちどのくらいの時間を、無駄な作業ではなく、実際の営業活動に使えているかである。〈総労働時間÷営業コスト〉は、営業コスト1円あたりの総労働時間であり、営業担当の時間給効率という意味合いになる。

このように分解することで、4つの課題に分けて取り組むことができ、それぞれの梃入れ策でどれほどの効果が上がりそうなのか、規模の大小の議論もできるようになる。

1つ目の〈営業粗利÷営業人数〉を最大化するには、どうすれば同じ営業担当に粗利の高いものをたくさん売ってもらえるか、1人の顧客に複数の商品を買ってもらえるか、などを考えることになる。

2つ目の〈営業人数÷稼働時間〉は、同じスキルを持つ営業担当に、いかにして短い稼働時間で効率的に成果を出してもらえるか、営業スキル向上策と結び付くであろう。

3つ目の〈稼働時間÷総労働時間〉は、営業と関係ない無駄な作業をいかにして減らし、営業活動そのものに極力労働時間を集中してもらうかを考えることになる。

4つ目の〈総労働時間÷営業コスト〉は、同じ営業コストでいかにして総労働時間を最大化できるかを考えることになる。同じスキルを持った安価なコストの人材をどう確保するかという、採用や教育などの問題となるであろう。

このように課題に応じた因数分解をすることにより、複数の改善アクションとその期待効果の重軽、重要性の違いが見えてくるのである。

質問

4

わが社が競合に勝つために取るべき最も重要なアクションは何ですか?

能書きではなく「アクション」至上主義か?

コンサルタントは、プロジェクトの提案コンペやプロジェクト期間中の報告会などプレゼンテーションをする機会に、気合いを入れて臨む。これは言うまでもない。形には残らない「提言」という価値を提供する上で、綺麗に整理されたパワーポイントスライドと、生々しくストーリーを語るプレゼンテーションは、クライアントに印象を残す上で極めて重要なイベントである。

コンサルタントはプレゼンテーションを自身の「作品発表会」のように捉え、綿密に下準備をして臨む。人前で何か発表することが、純粋に好きな人が多かったりもする。

面白いプレゼンテーションには要注意

プレゼンテーションが分かりやすいのは、起用する側としても良いことである。しかしながら、ストーリーが面白いプレゼンテーションには、注意が必要である。コンサルタントがクライアントを面白がらせること、強いインパクトを与えること自体が目的化してしまっている場合もあるからである。

コンサルティング会社の社内では、「今日のプレゼンテーションはクライアントに刺さった」「クライアントが目からうろこだった」「クライアントの目玉を落とした」というような価値観で、インパクト至上主義でプレゼンテーションに「命を懸けている」コンサルティング会社もある。

しかしながら、起用する側から見れば、面白いとか面白くないとかいうのは会議のその場限りの話であって、大事なのは、今後自社が取るべき、本当に財務的成果につながるアクションが、納得感のあるかたちでしっかりと提言されているかどうかである。

合宿の目的は洗脳?

コンサルティングプロジェクトの報告会として、「合宿形式」で泊まり込みでみっちり議論をする機会を設けるように提案されることがある。詳細な調査分析結果を、時間をかけて説明してもらい、しっかり理解した上で、侃々諤々《かんかんがくがく》と議論ができるという観点からは意味があると思うが、過度にこういった形式の報告会をやりたがるコンサルティング会社には注意が必要である。

コンサルタントにとって合宿というのは、密着感のある時間の中で、提言を何度も繰り返し、同じメッセージを伝え方や文脈を変えてクライアントに刷り込むいい機会である。

また、事前に根回しした役員やプロジェクトメンバーを味方につけ、提言を否定しにくい空気を意図的に醸成し、答えに誘導するためにつくりあげる場でもある。その場のプレゼンテーションのストーリー展開の迫力で、コンサルタントのペースに巻き込まれて、何となくそうかなと思ってしまう。

洗脳と言うと大げさであるが、腹落ち感を持ってもらうためのコンサルタントの技術のひとつであると認識すべきである。

コンサルタントは、プロジェクトの成功と失敗を報告会がうまくいったかどうかだけで結論づけてしまうことが往々にしてある。しかしながら、起用者側としては結局、1年、2年と経った後で、しっかりと財務的成果が出始めて、初めて地に足のついた提言だったかどうかが分かるものである。

財務的成果は愚直な施策から出る

実際に財務的成果が出る提言は、愚直な施策の積み上げでしかないことが多い。一般的に、愚直な提言ほど財務的成果が出る。「それくらいのことは我が社はできている」と思いがちなことが実際の組織ではできていない。それを徹底してやり切れるような仕組みを導入するから、財務的成果が出るのである。

一方で、あまりに当たり前のことを提言すると、クライアントから「そんなことはすでに知っている、当たり前の話。面白くもなんともない、新しくない、クリエイティブじゃない。そんなことを言われるために、わざわざ高い金を払っているのではない」とクレームをつけられるリスクがある。コンサルタントはこれを最も恐れる。だからこそ、その場を面白くし、インパクトのあるプレゼンテーションをしようといろいろ考えるのである。

面白い切り口VS財務的成果が出る切り口

面白そうに聞こえる提言と、財務的成果が出る提言の違いを、具体例で紹介したい。

コンサルタントが提供する分析、提言のひとつとして、顧客セグメンテーションというのがある。自社の顧客を、いくつかの切り口で分類（セグメント）して、儲かる顧客が誰なのかを明確にし、そういった顧客の購買行動を解明していくのである。

儲かる顧客であり、かつ、自社が強みを発揮できる顧客に「優先対応」するために、顧客をセグメントして、セグメント別の対応優先順位の方針を決める。そして優先顧客のニーズにきめ細かく応えられるよう、商品・サービスなど提供価値をしっかりとつくり込む。営業担当やプロモーション投資、その他の経営資源もまずは優先顧客から張っていく。限りある経営資源を大事な顧客に手厚く振り向けることで、財務的成果を最大化する。
これは戦略の根幹となる重要な考え方である。顧客セグメンテーションを例に、聞いて面白い提言と、財務的成果が出る提言の違いを解説したい。

産業用輸送機械製造販売会社の「顧客セグメンテーション」

産業用輸送機械製造販売会社（A社）の戦略構築プロジェクトで、顧客、すなわちこの場合、輸送業務受託企業（運送会社）をセグメンテーションする機会があった。儲かる顧客がどういった運送会社なのかを解明する上で、2つの有意な軸が抽出された。これはCHAID（チェイド）という統計的手法を用いて分析的に導いた。

1つ目の軸は「運送会社の企業規模」であった。考えてみればそうなのだが、運送会社が保有している産業用輸送機械の台数は、会社の規模によって数台から数千台まで大きく異なる。そのため、1人の営業担当者が同じくらいの時間をかけて営業することを考えると、1回成約したときにたくさんの台数が売れる確率が高い、大規模な運送会社の方が、効率よく儲けられるということである。

2つ目の軸は、その運送会社が保有している産業用輸送機械の「年間走行距離」であった。産業用輸送機械製造販売会社にとって、実は新車販売よりも、整備や修理、部品販売の方が収益率は高く、儲かる事業である。産業用輸送機械製造販売会社が行う整備は、運送会社にとっては、町の修理工場に整備してもらうよりも値が張るが、整備後の保証もしっかりしていて整備品質が高い。

産業用輸送機械製造販売会社が行う整備はプレミアムサービスであり、こういったサービスへのニーズが高い運送会社をうまく囲い込めると、産業用輸送機械製造販売会社としては、その顧客から得られる生涯価値である、新車販売、整備、修理、部品販売など周辺事業も含めて、バリューチェーン総額で稼げる利益が大きくなる。

では、どういう顧客がプレミアムサービスへのニーズが高いのだろうか? そこで年間走行距離が鍵となる。年間走行距離が短い運送会社は、保有している産業用輸送機械がほとんど故障しないので、そもそも整備にお金をかけようという気にはならない。

例えば、コンクリート運搬業者の産業用輸送機械などはこれに該当する。運んでいる物は超重量級だが、コンクリートは短時間で固まってしまうため、1回の運行あたりの走行距離は短いのである。

一方で、長距離輸送を主とする運送会社は、整備品質へのこだわりが強い。しっかりと整備しないと、何百キロも走行している最中に不具合が起こってしまい、時間通りに走行できなかったときの経済的損失が大きいからである。整備費用が多少高くついても、しっかりと見てもらいたいというニーズが強い。

年間走行距離については、産業用輸送機械1台あたり年間約5万キロ以上走行する運送会社と、それ未満の運送会社とを比べると、同じ企業規模であっても産業用輸送機械製造販売会社から見た顧客の「生涯価値」に約5倍の違いがあった。主な理由はしっかりと整備をしてくれるからである。

経営資源配分を最適化する正解

従って、産業用輸送機械製造販売会社にとっては、走行距離が5万キロ以上の顧客に優先的に営業をかけた方が、収益獲得効率は5倍高いということであり、この分析結果は資源配分の観点から非常に大きな意味合いがある。

愚直な提言としては、顧客セグメンテーションは運送会社の「企業規模」と「年間走行距離」で行うべき、大企業で長距離運行する運送会社から優先的に営業をかけよ、というのが利益を最大化する上での顧客セグメンテーションの「正解」である。

しかしながら、この提言はいまいち「パンチに欠ける」という見方もある。クライアントは言われなければたぶん、絶対に気が付かなかった提言であるにもかかわらず、コンサルタントに言われてしまうと「企業規模と年間走行距離くらい考えるのは当たり前。提案はそれだけなのか?」と言いたくなってしまう。それくらいのインパクトしかないようにも聞こえるのである(実際このプロジェクトでは、クライアント側の一部の役員からそういうコメントもいただいた)。

では、社長に対するプレゼンテーションの「刺さり」を考えて、この提言にコンサルタントが「技術力」を駆使して「ひねり」を加えるとすると、どうなるだろうか? コンサルタントはプロジェクト中のインタビューで、運送会社の声や、産業用輸送機械製造販売会社に対する現状満たされていないニーズを収集していた。その中で儲かる顧客やニーズが異なる顧客を特定する上でヒントとなる、様々な「面白い」切り口が聞けていた。

面白い切り口の例

例えば、運送会社の規模、年間走行距離以外にも、運送会社の年商の成長率、運送会社の顧客である荷主業界がどの業界なのか、荷主業界の収益性、運送会社の仕事の受け方が元請けなのか下請けポジションなのか、運送会社が倉庫作業など輸送以外の付加価値を提供する事業を営んでいるか、危険物など運んでいる物に特徴はあるか、荷主はどれくらい要求度が厳しいのか等々、多様な顧客セグメンテーションの軸となるヒントが得られていた。

私の経験上、顧客セグメンテーションは、顧客の行動様式とその行動の背景にある事象、すなわち消費者のセグメンテーションでは、顧客のライフスタイルやその背景の価値観、法人のセグメンテーションでは、業界内でのポジショニングや事業領域の特徴を決定づける要素まで立ち返った軸でセグメントをすると、知的に新しく、ユニークで、これまでに見たことがなく、お洒落で（!?）、クライアントに刺さりやすいものがつくれてしまうことが得てして多い。

数字は「後付け」でつくれる

その観点からは、こういったインタビューで出てきた切り口を使って、一つひとつの顧客セグメントを定量化して、顧客の規模（存在社数）、収益ポテンシャルを特定していけばよいのである。ガソリンスタンドの例で紹介したように、数字を後付けする理屈を組み立てるのである。

例えば、危険物を運んでいる運送会社はこれくらいいて、その顧客セグメントがもたらす利益の総額がこれくらいで、そのうちわが社のシェアがこれくらいで、従って稼げる金額は最大これくらいになりそうです。荷主の要求度の厳しい運送会社はこれくらいいて……といった感じで数字を組み立てるのである。インタビューで得た面白い切り口の代表的なもので、新しい顧客セグメントをつくってしまえば、いくつでもつくれる。

ある切り口でつくった数字の規模感があまり大きくなりそうもなければ、ガソリンスタンドの例のように「ちょこっと」前提条件を変えて数字を大きくすればよい。そうすると顧客セグメンテーションの提言としては、「まずは運送会社が運んでいる物と荷主業界の収益性で見ましょう」等々と言えば、これまでクライアントが聞いたことのないユニークなセグメンテーションがすぐにつくれてしまうのである。

極論すれば、コンサルタントが主観的に面白いと思った切り口だけを選んで、何とでも人工的に話をつくれてしまうのである。

これがコンサルタントのつくる「面白い提言のワナ」である。1人の顧客がインタビューで言ったことも、100人の顧客が言ったことも、コンサルタントの主観、さじ加減ひとつで、提言は自由自在につくれてしまう。

こうやって「うまく」面白さを仕込んだ提言は、プレゼンテーションの会議でのウケは良いかもしれないが、数字の組み立てが強引な場合、実際に提言を実行する段階になると、言っていたような規模の効果が全く出ないことに気付くのである。

悪意がなくても「腕が悪い」と大きな過ちに

さすがに「ウケ狙い」のためだけに、悪意を持ってこういう操作をしているコンサルタントはいないと信じたい。しかしながら、悪意はないが腕が悪い、技が拙《つたな》いコンサルタントが、物事の規模感を正しく判断できず、こういう後付けの定量化スキルを駆使して導いたものを、クライアントに提言している例があることは否定できない。

プレゼンテーションが面白く、何となく、そうかな、これは新しいなあ、とクライアントに思わることができても、実行してみると、効果が低く、財務的成果が出ない提言になってしまっているのである。

場合によっては、分析をしているジュニアコンサルタント自身も「こんなに効果が出るわけないのになあ」と思いながら、筋の悪いパートナーやマネージャーの言うことを聞いて、後付けの数字をフカしてつくっているというようなことも現実にはある。

話の「規模感・程度」を起用者も厳しく見極めるべき

この産業用輸送機械製造販売会社の顧客セグメンテーションの例で言えば、統計的にCHAID分析から導かれた、企業規模と走行距離が重要であり、面白いと感じようが感じまいが、そんなことはどうでもよいので、この事実に忠実に提言を行うべきである。これを筋悪く提言をひねると、クライアントを誤ったアクションに導き、無駄なことに経営資源を割かせてしまうのである。

コンサルタントは、物事の規模感や程度(Order of Magnitude:オーダー・オブ・マグニチュード)を無視した、後付けの定量化は絶対に行うべきではない。一方、起用する側も、面白く聞こえる提言には細心の注意を払って耳を傾けるべきである。

正しいアクションを促す愚直な提言とは?

ここまで、コンサルタントがどうやって提言に「ひねり」を加えるかを解説してきたが、逆に、どういう提言が財務的成果をもたらすのかについて話を進めたい。

KPI(Key Performance Indicator=鍵となる業績管理指標)という言葉がある。耳慣れている方もいると思うが、会社全体として中期経営計画などで掲げた財務的な目標を実現する上で、各事業部門や各部署に課して管理する重要な指標のことである。例えば、部門別の売上、粗利、コスト、利益などが管理指標として使われるのが一般的である。

現場のアクションを管理するKPIが重要

KPIは、部門を管理する単なるツールではなく、もう一歩踏み込んで、現場に正しいアクションを促し、財務的成果の達成を後押しするものであることが望ましい。思うような財務的成果が出ていない場合は、原因を究明し、正しいアクションを促進するツールとしてKPIが使える状態が理想である。

そのためには、財務的な管理指標だけではなく、財務的成果につながる「現場が取るべきアクション」を特定し、それを現場で繰り返し行うことを管理するためのKPIを設定すべきである。

例えば、営業現場であれば、収益性が高く、自社として強みを発揮できて、営業の的中率が高い顧客セグメントに対する「提案回数」などが挙げられる。

先ほどの産業用輸送機械製造販売会社の例では、企業規模が大きく年間走行距離が長い運送会社への営業の訪問頻度、提案の回数、顧客の意味のある情報をどれだけ収集できたか、などを管理するとよい。

効率的に財務的成果につながる「現場のアクション」を特定し、それをしつこくモニタリングして、現場を正しい方向に意識づけていくのである。コスト削減の実行を推進する局面では、取引金額の多いサプライヤーとの交渉の実施回数、役員対役員での交渉へのエスカレーション件数などをモニタリングすべきである。

こういったアクションに関するKPIは、知的な面白みはあまりないが、具体的アクションを回数レベルで管理する類いの愚直な提言と言える。例えは悪いが、「1日5回トイレに行くべし!」といったレベルで、現場で何の行動をどれくらいの量だけ実施すべきか、具体的に規定するのである。

これが実は一番効果が高く、財務的成果が出やすい。現場のアクションが変わらない限りは、財務的成果は出ようがないのである。

アパレル店舗における業績改善事例

現場で取るべきアクションをいかにして特定し、実践していくべきか。具体的な事例で解説したい。**図6**は、アパレルの店舗における業績改善を考える枠組みである。例えば、①ある営業時間帯に店の前を100名通過し、②そのうち40名が入店して店内を見て回る。そのうち、③20名が店の中で立ち止まって、特定の棚の商品を手に取り、④5名が接客を受けて試着をし、⑤最終的に3名が購入に至ったとする。

この一連の流れを見ると、店の前を通った顧客100名に対して実際の購入客は3名なので、購入率は3%であることが分かる。当たり前の話だが、仮に3名の購入客を5名に増やすことができれば、それだけで売上は1・6倍に底上げできる。

最終的に達成したい財務成果は店舗の利益であり、それをつくる要素は財務的には店舗の売上、粗利、人件費、物件費である。しかしながら、こういった店ごとの財務指標を見て、本社が店長のお尻を叩いているだけでは、なかなか現場のアクションの改善を促すことはできない。叩かれて改善するものであれば、とっくの昔に改善しているはずである。

また、財務成果の手前の中間指標である購買客数、客あたり購買点数、購買金額、品番別売上高、在庫回転率、定価で販売できた消化率、割引・廃棄率なども、当然ながら精緻に見るべき重要な指標であるが、これを厳格に管理だけしても、現場の一挙手一投足が正しい方向に動くとは限らない。

店の前を通るところから実際に購買するまで、①から⑤までの各ステップで、何が「梃

図6　事例：KPIと現場のアクション

←　KPI　→

	梃入れできること	現場のアクション	中間指標	財務成果
①店前を通る（100名）	・モールの集客力 ・フロアの集客力 ・プロモーション ・イベント		・店前通行量	
②入店・店内を回る（40名）	・ブランド認知・好感度 ・店（外観）の雰囲気 ・ディスプレイの印象 ・店頭での声掛け ・店内の雰囲気	・時間帯別ディスプレイ変更回数 ・競合店調査回数 ・入店誘導件数 ・整理整頓回数	・入店客数	
③立ち止まり商品を手に取る（20名）	・商品の魅力（デザイン・品質・トレンド） ・適切な価格 ・適切な在庫	・商品理解度、メリットトーク確認回数 ・適切な在庫確保	・ディスプレイ別、棚別の滞留客数、滞在時間	
④接客を受ける・試着（5名）	・適時の接客アプローチ ・人員配置の適正化 ・スタッフの好感度 ・スタッフの提案力	・アプローチ件数 ・試着室誘導件数 ・顧客タイプ別トーク実施回数 ・ロールプレイ、コーチング実施回数	・試着室稼働率	
⑤購入する（3名）	・決めのクロージングトーク	・クロージング件数	・購買客数 ・客あたり購買点数 ・客あたり購買金額 ・品番別売上高 ・在庫回転率 ・定価での消化率 ・割引・廃棄率	・店舗売上高 ・店舗粗利 ・店舗人件費 ・店舗物件費 ・店舗利益

アクションに関するKPI

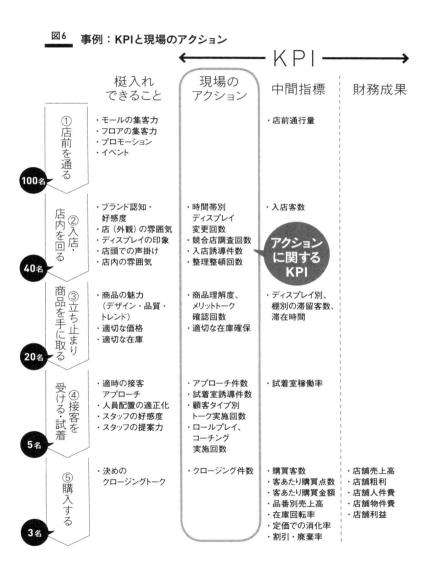

入れ」できるのか、そのうち「現場のアクション」を改善することで、実際の購入率アップにつながることは何なのかを、順を追って考えることが必要なのである。

各ステップで何が「梃入れ」できるか?

まずは、①の店の前を通る100名についてであるが、これはアパレルショップが入っているショッピングモールの集客力、フロアの集客力、モール全体のイベントやプロモーションなどによって通行量は大きく変わるであろう。ここでは、個別のアパレルの店舗で改善できることはなさそうであり、本社側が適切なショッピングモールに出店する、正しい出店戦略が鍵となりそうである。

次に②の、入店して店内を見て回る顧客数について。これはアパレルブランドの認知度や好感度、店の外観の雰囲気、ディスプレイの印象、店頭での声掛け、外から見た店内の雰囲気などによって、入店率は大きく変わりそうである。

その意味で、現場のアクションとしては、整理整頓がきちんとなされていたり、声掛けで入店を誘導できているかはもちろん、例えば、時間帯別に異なる通行客層に応じて、ディスプレイを適切に変更する余地があるか、直接的な競合である同じフロアの似たようなアパレルショップと比べて、どう外観で差別化できれば入店率を上げられそうか、などについても現場レベルで考える余地がありそうである。

③の実際に立ち止まって商品を手に取る段階では、もちろん商品面の魅力、デザイン、品質、トレンドを押さえつつ適切な価格かどうかが鍵となる。また、そもそもその商品の在庫が十分にあることも機会損失を抑える上では重要である。

現場のアクションとしては、商品の特徴を押さえたトークができる準備や、適切な売れ筋の在庫の確保が徹底されていることが重要となる。

④の接客を受けて試着室へ誘導される段階では、現場でできることはたくさんありそうである。好感度の高い販売スタッフが、顧客のニーズをくんだ提案力を持って、適時に顧客にアプローチをかけることができているか、顧客数に対して販売スタッフ数が十分かによって購入率は大きく変わりそうである。

現場のアクションとしては、顧客へのアプローチの件数や試着室への誘導件数に加えて、顧客タイプ別に適切な接客トークをどれだけできたか、その前準備としてのロールプレイやコーチングを空いている時間にどれだけできたかなどが成否を握るであろう。また、最後の⑤購入段階では、決めの言葉としての「クロージングトーク」をどれだけ適切にできたかも、現場のアクションとして重要である。

こういったかたちで、各ステップにおいて現場が取るべき鍵となるアクションを特定し、それをしっかりとかみ砕いて現場に落とし込むことで、初めて財務成果につながる改善アクションがなされるようになる。

ベストプラクティスを抽出し、「コピー可能」な状態までかみ砕く

コンサルタントは、まずは現場の様々な活動の量と、本社の財務データを活用した定量分析から、アクションと財務的成果の因果関係を綿密に解明し、活動量を増やすことで財務的成果につながる現場のアクションを特定する。同時に、財務的成果が出る活動やその兆候を、現場のベストプラクティスから抽出する。また、それぞれのベストプラクティスが全社に展開できた場合の効果を、適切な規模感で推計する。

そして、ベストプラクティスの行動を定型化し、他の現場でも同じ行動が極力「コピー可能」な状態にする。アクションのステップをかみ砕いて標準化、マニュアル化するのである。その標準化した手法を他の現場でトライしてみる。

その際に、各現場でのアクションの回数を管理する。すると、少しずついままでとは異

なった結果がそれぞれの現場で出始める。結果が出ないところでは、再度原因分析を行う。各現場での日々の結果を吸い上げて振り返り、さらにベストプラクティスを進化させる。

こういった学習サイクルを確立することで、次第に財務的成果につながるKPI管理の仕組みが実現される。

結局、実現したい状態というのは、業績に大きな影響を及ぼすアクションが、現場で確実に行われること、現場の個々人が各自の持ち場で果たすべき役割を完遂すること、日々の業績の結果と埋めるべきギャップ、問題点、求められる行動が分かり、現場で適切な軌道修正ができること、個々人の経験、得手不得手、着眼点のばらつきによる業績のばらつきを生じさせないために、本社側が側面的な支援をできる状態になっていることである。

こういったサイクルが回り始めると、個々人が業績に直結した重要な活動に従事しているという誇りと自覚を持つことができ、そうした各種の活動が財務的結果に表れて、それが正しく評価される、という好循環になる。

財務的なKPIだけだと、あくまで最終結果の後追いに過ぎず、早期の課題の原因解明ができない。財務的なKPIだけだと、課題を発見して正しいアクションに結びつけることが難しく、課題の予兆を察して適切な予防策を打つこともできない。従って財務的成果の着地見込みが立たない。そのため、財務的成果と紐付いたアクションに関するKPIの特定と管理が重要なのである。

意識が先か？　行動が先か？

会社を良くするためには、現場の社員一人ひとりが意識、心構え、マインドセットを変えるべき、という話がある。しかしながら、「考え方を変えよ」とだけ言われても、変われることはまずないであろう。日常業務として何十年もやってきたルーティンが、そんなにすぐに変えられるのであれば、話は楽だ。

従って、財務的成果が出る正しい方向に、現場の行動変化を起こす順序は、以下のようであるべきである。

これをやれば結果が出るというアクションをまずは現場に強いる、それで財務的成果が出始める、そこで初めてこれは良い行動なのだと現場が思い始め、行動変化が起こり、小さな成功が組織全体に波及していく。そうやって1年くらい経つと結果が出てくる。

一度の合宿や面白いプレゼンテーションで心構えが変わり、結果が出るということは100パーセントない。

「明日の朝から」手足が動くかを厳しく問うべき

コンサルタントから提言を受けたときに、いま言われたことが「明日の朝から」自社の現場が実行に移せる、意味のある「アクション」かどうか。自分が現場で働いている姿を想像して「手足が動く」ことをコンサルタントが言っているかどうかを、プレゼンテーションを聞いている際に、プレゼン資料の一字一句を熟読しながら、しつこく問うてみることが重要である。

提言は、単なる顧客の声、競合の情報、物の考え方、定量分析結果などではない。こういったものはプロジェクトの途中の中間成果物であり、これだけでは行動変化は起こらない。

提言すなわち戦略は、実行可能な「アクションの集合体」でなければならない。提言を受ける前と後とで、現場に行動の変化が起こらなければ、財務的成果は出ない。

起用者側は、コンサルタントの提言の抽象度が高く、いまいちどういうアクションを取れと言っているのかが分からない場合は、厳しく「わが社の取るべき具体的なアクションは何ですか?」と何度もコンサルタントに問い正すべきである。クライアントとして具体的なアクションの提言が得られるまで、決して妥協すべきではない。

コンサルタントの基本的な思考技術としてSo what?（だから何？）というのがある。事実関係、例えば競合の動向を調べる、新しいことが分かる、それを受けて「だから何なのか？」、その情報を知る前と後とで、自社の現場の行動はどう変わるべきなのか？　それはなぜか？　そのアクションを導き出せないコンサルタントを起用する意味はない。

アクションの提言、というのはあまり突拍子もないことはほとんどなく、愚直な行動を導くものが多い。突拍子もないものから財務的な成果が出ることは稀であり、当たり前のことを、定石に従って徹底してやり切ることから、初めて大きな財務的成果が出る。

従って逆説的であるが、新鮮で面白い提言にはむしろ注意が必要なのである。すべての人が、すべての情報がアクセスできる、情報の非対称性が限りなくゼロになっている現代に、そんな突拍子もないものが提言として出てくること自体、疑いを持ってかかるべきである。

カタカナ言葉に惑わされるな

本書も、コンサルタントが使うカタカナ用語が多用されていることは、申し訳ないと感じているが、きちんと具体例を用いながらかみ砕いて意味を説明しているつもりなのでご容赦いただけるとありがたい。

コンサルタントが使うカタカナ言葉で問題なのは、使っている本人が深く考えずに、表面的にカタカナ言葉を「借りてきた猫」状態で駆使し、クライアントにも伝わっていないのに、そのまま話が流れていくことである。

起用者としては、意味が分からないカタカナ言葉は躊躇することなく、しっかり理解できるまで質問して、明確な説明を求めていくべきである。提言がアクションになっていないときに、「アクションは何か?」と何度も質問して、提言の質を深めていくのと同じことである。質問して聞きまくれば、コンサルタントも思考を深め始め、お互いに建設的に議論ができる。

コンサルタントは、伝わらないと意味がない職業であることは当然認識しているので、意味のないカタカナ言葉に対して、起用者として意図的に嫌悪感を示すコミュニケーションをしてもよいだろう。常に、明快な日本語と具体的な事例で説明を求めるという姿勢が、うまくコンサルタントを起用する上で実践的な方法と言えよう。

結果を出せるコンサルタントを見抜く質問

財務的成果につながるアクションの提言ができるコンサルタントを見極める質問は、「わが社として、明日の朝からでもすぐに取るべき、最も重要なアクションは何ですか？」である。

コンサルティング会社の選定会議の際に、提案のプレゼンテーションを聞いた直後にこの質問をしてみよう。

クライアントが実行すべきアクションを、本当に考え抜いているコンサルタントであれば、プロジェクトを始める前から、3つや5つのシンプルで財務的成果につながる具体的なアクションが即答できるはずである。

質問

5

わが社の周辺事業への展開についてどうお考えですか？

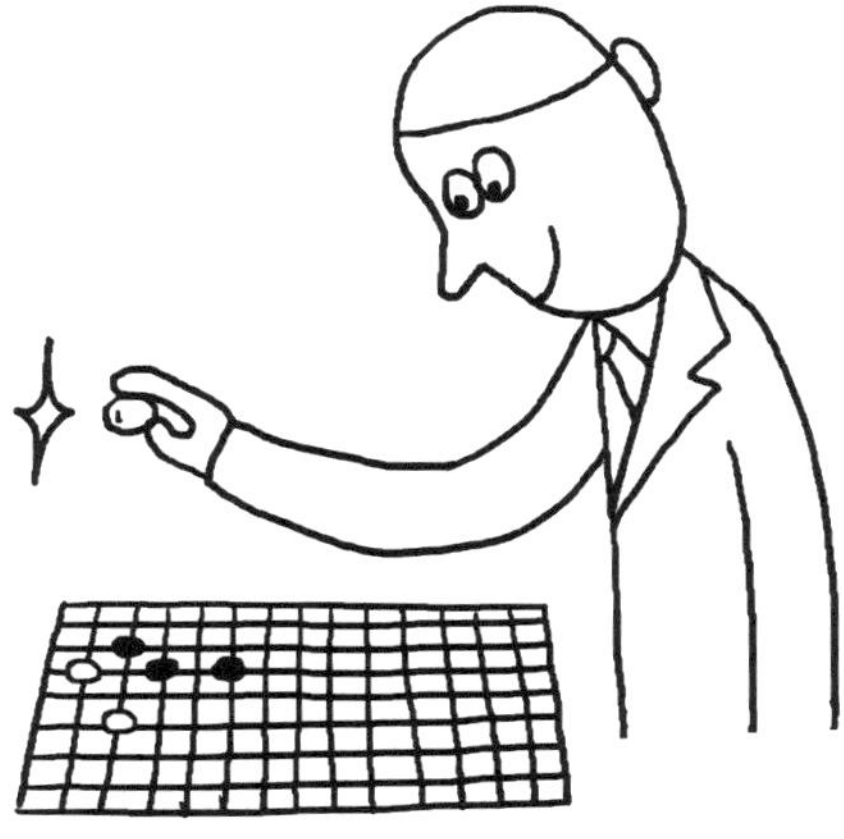

すらすらと「定石」が出てくるか？

コンサルティング会社の教育システムは千差万別

コンサルティング会社の唯一の資産は、スキルを身に付けた人材である。そのため、教育制度の重要性は極めて高い。

しかしながら、教育システムの完成度にはかなりの差がある。特に急成長を遂げているコンサルティング会社には注意が必要である。教育内容も育成期間も不十分で、目先の仕事の受注量と比較して人が育っていないケースが多い。あまり人に投資をしていないようなコンサルティング会社も少なくない。

定石が身に付いたコンサルタントか？

教育された「結果を出せる」コンサルタントかどうかは、考え方の「定石」が身に付いているかどうかを見れば分かる。

教育システムがしっかりしているコンサルティング会社の場合、社内トレーニングに十分な時間が割かれ、必要な「定石」はかなり早い段階から叩き込まれる。大学を卒業して新卒でコンサルティング会社に入り、2年も経てば立派に基礎が確立されている。

一方、教育システムがいまひとつのコンサルティング会社の場合、自分が経験したプロジェクト以上の学びの機会が限定的で、プロジェクトを通じて学んだことを整理して体系化する機会もない。そうすると、過去に経験したプロジェクトの偏りに起因して、同じ経験年数のコンサルタントでも、得意不得意分野に大きな差が出てしまう。

結果を出せるコンサルタントを見抜くには、例えば「わが社はアパレル企業ですが、新しく飲食事業に参入しようと考えています。プロのコンサルタントとして、どうお考えですか?」と聞いてみるとよい。「コア事業の強化と新規事業展開の定石」が身に付いているかどうかで、答えが大きく異なってくるであろう。

「定石がない」コンサルタントの答え

定石が身に付いていないコンサルタントの解答例としては、以下のようなものが考えられる。

「やはり、御社は顧客の視点に立って、現場の声をしっかりと把握することが重要です。飲食に対する消費者のニーズに耳を傾ける必要があります。そして顧客の声に応えるかたちで事業モデルを組み立てるべきです。まずは顧客インタビューを数十件実施して、その上で仮説を構築し、それを定量的に検証するためにアンケート調査もしましょう」

これは一見もっともらしいようにも感じるが、作業工程を述べているに過ぎず、何の仮説も答えもなく、クライアントとしては煙に巻かれたような、結局お金を払って調査せよと言っているだけである、と評価すべきいたい解答である。

こういうコンサルタントに仕事を頼んでしまうと、コンサルタント自身も仮説がないため、いろいろな作業をたいした仮説もなく網羅的に実施し、相当時間が経った後で答えが出てくる、すなわち最短距離で答えにたどり着けない、効率の悪いプロジェクトになる可能性が極めて高い。

「ボイル・ザ・オーシャン（Boil the Ocean＝実現不可能なことを、やろうとすることの例え）」型コンサルタントの危険な香りがする。こういうコンサルタントのいるコンサルティング会社は、社内のカルチャーも、長時間労働ありきで「体で稼ぐ、労働時間で勝負。かいた汗と、作業量、パワーポイントスライドの枚数がウリ」的な空気がある。

それでも時間をかけて正しい答えにたどり着けばまだましで、筋の悪いコンサルタントを起用してしまうと、顧客の声を集めるのはいいが、たまたま聞こえた「風変わり」な顧客の声にコンサルタントが必要以上に強く反応してしまい、その声に仮説が大きく流され、ピントがズレた提言をされるリスクもある。

入社数年以上の経験を積んだ中堅クラスのマネージャーや、コンサルティングを究めているはずであるパートナーがこんな解答をしているようでは、このコンサルティング会社は「いたい」としか言いようがない。

「定石がある」コンサルタントの答え

同じ質問を「定石」を身に付けたコンサルタントにすると、例えば以下のような解答が返ってくるであろう。あるいは、そのコンサルティング会社の若手のコンサルタントに聞いたとしても、基礎が叩き込まれていれば、ある程度同じようなことが言えるであろう。

「新規事業の成功確率は、本業で培ったものをどの程度『共有』して使えるかによって大きく変わってきます。本業と新規事業との間の共有度合いは『顧客・コスト・チャネル・ケイパビリティ（求められる業務運営能力）・競合』の5つの観点から考える必要があります」

①顧客の共有度合い

1つ目に、御社の本業であるアパレル事業と、新規参入をお考えの飲食事業との間の「顧客の共有度合い」を評価してみましょう。顧客の共有度合いについては、確かに御社の本業であるアパレルも飲食も、若い女性をターゲットにしているのかもしれません。また、同じ百貨店やショッピングモールで、両方を買ってくれる可能性もあると思われますので、一定程度の共有度はあると考えるべきでしょう。

しかしながら、顧客から見れば、「餅は餅屋」かもしれません。なぜ、わざわざ、アパレル企業が運営する飲食店に足を運ぶのか、そこに明確な動機づけとストーリーをつくることが肝要であると考えられます。

②コストの共有度合い

次に、「コストの共有度合い」について見てみましょう。アパレルと飲食では原材料、原価構成は全く異なり、店舗運営の手法も、店舗の什器類も水回りなどアパレルとは異なるインフラがあり、管理ノウハウも異なるものが必要になるでしょう。コスト構造については、共有度合いは低いと言えるでしょう。

飲食事業の原価構造、販管費構造を最適化する上で、御社がアパレル事業で培ったノウハウを活かせるものは限定的であり、新たに学ぶべきことが多いと考えておくのが賢明でしょう。

③チャネルの共有度合い

3つ目に、「チャネルの共有度合い」を見てみましょう。チャネルについては、同じショッピングモールにアパレルと飲食が入っていることが多く、デベロッパー（商業施設の開発企業）との出店交渉など、店舗開発におけるやりとりでは共通項が大きいですし、アパレル以外にもたくさんの魅力的なコンテンツを持っていた方が、出店交渉も有利に進めることができると考えられます。

④ケイパビリティの共有度合い

一方で、4つ目の「ケイパビリティの共有度合い」については、アパレル事業と飲食事業を比べると、モノづくりの方法、在庫の管理手法、店舗運営ノウハウ、接客のあり方、相違点がかなり大きいと考えるべきです。新たに獲得しないといけないケイパビリティは多いでしょう。

⑤競合の共有度合い

最後に、「競合の共有度合い」について見てみます。確かに御社の競合のアパレル各社を見ても、飲食事業に参入している会社は少なくありません。流れとしては、間違っていないのかもしれません。しかしながら、収益面で成功している競合は、実はそれほど多くないように見受けられます。

以上の5つの観点から総合的に考えると、アパレル事業と飲食事業は、ある程度の距離感がある「別の事業」と捉えることが賢明と考えられます。従って、飲食事業に参入するにあたっては、しっかりと飲食業界のプロをスカウトして別チームを組成し、店舗開発能力以外の部分は、ゼロからつくり上げる覚悟が必要と考えられます。

生きた「フレームワーク」をうまく使えるコンサルタントか

定石を身に付けたコンサルタントは、顧客の声など聞かなくても、数字の分析をしなくても、仮説でこの程度は答えられるのである。これと似たような答えを即答できなければ、戦略コンサルタントとしては失格と言っても過言ではない。また、こういうコンサルタントに仕事を頼めば、ここまで述べた仮説の検証からプロジェクトが始まるので、プロジェクトのスタート地点での「発射台」は高い。

プロジェクト期間中は「飲食をやるべきか、やめるべきか？」といった、そもそもの議論ではなく、やるとしたらどうやると勝てるのか、何が必要か、それはなぜか、そこまでしてやる意味があるのかなど、飲食事業の意義と具体策を練ることに、十分に時間を使うことができ、地に足がついた提言を得られるのである。

この違いは何から生じるのだろうか? 生きた「フレームワーク」をどう使うかの「定石」がしっかりと頭に叩き込まれており、それを使って自分の思考を深められるかどうかが決定的な違いである。

前述の場合、異なる2つの事業の親和性を評価するときには、「顧客・コスト・チャネル・ケイパビリティ・競合」の共有度合いを見るべきである、という定石を知っていること。さらに、それを過去に実際のプロジェクトで事例にあてはめて使った経験があるかどうか。そして、その経験が自分の中でパターン認識となっており、他の似たような業界でも、類推して考えることができるかどうかである。

世に言うところのフレームワークとは、戦略の3C(Customer, Competitor, Company)、マーケティングの4P(Product, Price, Place, Promotion)、現状分析のSWOT(強み、弱み、機会、脅威)、ポーターの5F(Five Forces = 競合、新規参入者、代替品、買い手、供給者)、組織の7S(Strategy, Structure, System, Skills, Staff, Style, Shared Values)など、様々あるが、これらを知っているだけでは単なる抜け漏れ防止のチェックリストにしかならない。大事なのは、こういう枠組みをどういう文脈で、どういう順序で何を使って、どうやって思考を深め、具体的な提言を導いていくかを経験していることである。

ただし、素人目にはこういうフレームワークを使って資料が整理されてだけで、何となくもっともらしく見えてしまうので注意が必要である。結果が出せるコンサルタントにとって、こういったフレームワークを知っていることは必要条件に過ぎない。

十分条件としては、生きた実例で具体的にフレームワークを使って答えを出したことがあり、コンサルティング経験で実際にその枠組みでクライアントと議論を交わして、物事を正しい方向に導けた体験を有しているかどうかが重要なのである。

戦略テーマごとの6つの定石

①立て直し戦略の実行順序の定石

1つ目として、会社を立て直す局面、いわゆるターンアラウンド戦略の実行順序に関する提言の定石を紹介したい。

立て直し戦略の実行順序は、まずはコスト削減など、コア事業に関する短期的な収益改善策を行って、事業基盤の贅肉を削ぎ落とす。その際に、痛みを伴う人員削減よりも前に、物件費削減に取り組む。

次に、自社のコア事業を明確にする。コア事業というのは言うまでもなく、売上、利益の大部分を占めている事業のことを言う。コア事業と現在有している周辺事業群とを棚卸しして、両者間の親和性を精査する。

親和性の高さは前述の通り「顧客・コスト・チャネル・ケイパビリティ・競合」の共有度合いで評価する。その結果、親和性の低い「飛び地」事業は、可及的速やかに撤退する。この際に人員の冗長性の度合いにもよるが、痛みを伴う人員削減がなされる可能性もある。コア事業と親和性の高い、すなわち「近い」周辺事業に資源を集中させる。飛び地事業のリストラで浮いたキャッシュ、捻出した経営資源を、コア事業の基盤強化と未来の成長へ向けた投資に回すのである。

ここまでが業界が定常状態にあるときの立て直し戦略の定石である。さらに質問1で解説したように、業界のプロフィットプールと市場シェア対収益率を見ると、構造変化が到来しそうかどうかが分かる。

業界構造変化のタイミングでは、コア事業の基盤強化、親和性の高い周辺事業への集中、未来へ向けた投資に加えて、業界再編をリードできるか、バリューチェーン全体を見て参画すべき領域の再考余地はあるか、既存事業をベースとしつつも業態転換が可能か、業態転換をする必然性がありそうか、というところまで考えるべきである。

実は、私がこういった定石をマスターしていない頃、勤務していたコンサルティング会社のマネージャー向けのグローバルトレーニングで、立て直し戦略のケーススタディを出された。

私は正直手も足も出なかったが、同じチームにいた新卒3年目の米国人の若手コンサルタントが、上述のような立て直し戦略の実行順序の定石を駆使して、「立て板に水」の如く、戦略仮説を定石に従って即座に披露しているのを目の当たりにし、本当に驚いた。経験年数ではなく、定石が身に付いていることの重要さを見せつけられた体験であった。

②周辺事業拡大の定石

距離の近い周辺事業が明確になったら、2つ目に、周辺事業の拡大にも定石がある。周辺事業拡大の成功者は「再現可能な勝ちパターン」を持っている。スポーツ用品メーカーのA社とB社を比較すると、その示唆が得られる。

A社は、新しいスポーツ競技に事業領域を拡張する際に、まずは自社が最も土地勘がある、昔からのコア事業である「シューズ」で新しいスポーツ競技に参入する。テニスに参入する場合は本業である靴、テニスシューズから始める。その後、様子を見て順次、アパレル、用具へと展開を拡大する。靴、アパレル、用具の順番で参入することを決めている。そのため、新しいスポーツ分野への参入方法がパターン化され、社内で事業展開のプロセスが高いレベルで形式知化、マニュアル化され、事業領域を拡張するための「再現可能な勝ちパターン」となっている。

ひとつの競技で成功したことを、その勝ちパターンに沿って他のスポーツでも同じようにやれる体制ができており、個人ではなく組織の力になっている。A社はこのパターンで、ランニングシューズを皮切りに、バスケットボール、テニス、ゴルフ、サッカーへと展開している。勝ちパターンが組織にしみついているのである。

それと比較して、B社の事業展開の流れを見ると、対象とする競技も、商品ラインも、事業の展開地域も、「機会ありき」のオポチュニスティックな展開を繰り返し、散発的な事業展開に終始し、一貫性なく事業領域を拡張してしまっていた。1990年からのおよそ20年の間に、A社は企業価値が約100倍まで成長した一方で、B社は企業価値が低迷し、2005年に競合他社への身売りを余儀なくされた。

③売上拡大戦略の定石

3つ目は、本業における売上拡大戦略の定石である。顧客セグメンテーション、優先顧客の特定、マーケティングの4P（Price, Place, Product, Promotion）の最適化というのが基本的な流れとなる。

顧客セグメンテーションは、既存顧客のうちどういう顧客が自社に収益をもたらしてくれている顧客かを見極める。同時に、顧客のニーズの違いによっても顧客群を類型化する。顧客セグメンテーションは、「バリュー」と「ニーズ」の2軸で行う。

バリューとは、自社にとってどれくらい収益性の高い儲かる顧客であるかであり、ニーズとは、自社として顧客への価値の提供の仕方を、ニーズに応じていかにして変えていく必要があるかを考える上で重要となる。

自社として強みを発揮することで、顧客のニーズに応えることができ、かつ収益を上げさせてもらえる顧客セグメントを特定し、そういった顧客の対応優先順位を高めていくのである。

次に、優先顧客セグメントのニーズを深掘りし、現状満たせているニーズ、満たせていないニーズを明確にした上で、商品・サービスをブラッシュアップし、より上質な価値を提供できるか、サービスパッケージを再構築する。その際には、マーケティングの4Pの最適化策を考える。

プライシングについては、商品アイテム別に直接的な競合相手と比較して、商品価値と価格のバランス、適切さを見極める。低価格で競合と真っ向勝負すべき商品もあれば、価格のわりには質が良い、「お値段以上」の価値を提供できる価格設定にする商品もある。また、差別化された商品価値と上質なイメージを高めるべく、むしろ競合よりも高い価格設定で勝負する商品もある。こういった具合に、メリハリをつけたプライシングを行う。

商品については、自社の優先ターゲット顧客から見て、競合よりも、よりニーズに応える差別化された設計とすることは言うまでもないが、それに加えて、商品の複雑性低減という観点も、短期的な財務的効果を生み出す上で有効である。

商品アイテム数があまりに多すぎ、顧客から見て似たような選択肢がありすぎ、売れ残ってしまっている「死に筋」商品が多く、提供する側の社内の商品開発組織、商品開発プロセスも複雑化しているケースは少なくない。

例えばあるPCメーカーの場合、PCの性能は、大まかにはハードディスクドライブの容量、メモリの容量、CPU(中央演算装置)の性能で決まるが、この3つの組み合わせを顧客が自由に選べるようにしていたため、理論上の品番数は3万通りほどあった。

しかしながら、顧客が自分のニーズに合ったPCを選ぶ際に、3万品番も存在する必要性はなく、結局、顧客ニーズに従うと40品番程度で必要十分ということが分析結果から分かった。3万品番が40品番に劇的に削減されることにより、社内の組織、プロセスの大幅なスリム化が実現されたことは言うまでもない。

プロモーションについては、広告代理店を起用することは問題ないが、何もかもお任せになってしまい、ブラックボックス化されて当事者能力を失うことは問題である。

デジタルプロモーションについても、媒体との直取引を視野に入れるべきであろう。コンサルティング会社の起用と全く同じであるが、代理店と仕事をする際にも、何見合いでいくらのフィーを支払っているか、それはなぜ自社ではできないのかを厳しく自社に問うべきである。

プレイス、すなわちチャネルについては、自社によるチャネル開発力強化も重要であるが、チャネル開発力が不足している場合は、他社との包括的な提携を模索し、当該チャネルの専用商品の開発も視野に、パートナーシップを強固にしていく方策も有効である。さらに、リアルチャネル、デジタルを含めたオムニチャネルでの顧客体験のトータルな設計を行う。

ただし、ラストワンマイルを握られている状況だと卸価格の競争力を失ってチャネル側のプレーヤーに利益を吸い取られてしまうので、良い緊張感を持ったパートナーシップが構築できるよう、自社チャネルの維持、強化も並行して進めるべきである。

④顧客体験における「戦略的手抜き」の定石

4つ目は、顧客ロイヤルティを高める戦略における「戦略的手抜き」の定石である。

前述の通り、戦略とは、自社の限られた資源を最大限に有効活用して競合を凌駕し、圧倒的な利益を上げるための「アクションの集合体」であるべきである。限られた資源を最大限に活用する上では、「何をやるべきか」と同じくらい、あるいはそれ以上に「何をやらないのか、何を捨てるか」を明確にすることが重要となる。

戦略的に力を入れるところには、金も資源も時間も徹底的にツッこんで、圧倒的な競合優位性を築くために最大限の努力をすべきである。逆に、力を抜くところ、顧客から見てどうでもよいところは、やらないか、自動化などで合理化をしたりしてコストを下げ、手抜きを徹底する。競合に負けない程度に、必要最低限のレベルでやっていればよいこともある。

顧客体験を設計する上でもこの考え方は重要であり、いかにして最適なメリハリをつけることができるかがポイントとなる。

4つのタイプの顧客接点　顧客接点には4つのタイプが存在する。1つ目は、うまく対応すれば顧客ロイヤルティが醸成され、失敗すれば顧客ロイヤルティが毀損してしまうような、上振れにも下振れにも影響を及ぼす接点。2つ目は、うまくやれば顧客ロイヤルティの醸成に貢献するが、特段手を打たなくても、顧客にネガティブな印象は与えない接点。3つ目はその逆で、うまくやれて当たり前で、それによって顧客ロイヤルティが醸成される効果は限定的だが、失敗してしまうと顧客ロイヤルティを毀損してしまう接点。4つ目は、プラスにもマイナスにも作用しない、顧客から見てあまり関心がない接点である。

例えばエステ業界の顧客接点を見てみると、以下のような感じになる。

1つ目の、上振れにも下振れにも影響が大きい顧客接点としては、やはりエステティシャンの施術スキル、場の居心地良い雰囲気、受付時の顧客対応などが挙げられる。これらについては、競合よりも多少コストをかけたとしても、差別化を図るべき顧客接点と言える。

2つ目の、プラス評価にだけ影響がある顧客接点としては、フリードリンクやフリーのトイレタリーグッズなどが挙げられる。

3つ目の、できて当たり前でできないとネガティブに影響してしまう顧客接点としては、清潔感やプライバシー、タオル、バスローブの提供などが挙げられる。

4つ目の、プラスにもマイナスにも作用しない接点としては、広告やフォローの電話の有無などが挙げられる。

日本企業の場合、一般的な傾向としてクレームになるような批判者を生む活動を撲滅する取り組みは、几帳面にできているケースが多い。一方で、顧客を感動させる、期待を上回る局面をデザインする視点は物足りないことが多い。

様々な業界の顧客体験における「決定的な局面」 顧客体験を設計する上での「抜き差し」の基準は、やはり自社がターゲットとする顧客の「決定的な局面」でのニーズに応えるものを優先するしかない。

例えば生命保険の場合、必要書類なしで、亡くなった当日に一部でもキャッシュで保険金を届けられると、加入者である顧客はものすごく感動する。

自動車保険の場合は、事故連絡時の第一報の電話への対応が、顧客の支持を得られるかどうかを決める決定的な局面である。クレジットカード会社の場合は、不正使用と紛失時における機動的な対応、柔軟な対応が顧客にとって重要である。

アパレルでは、在庫が不足しているなかで、優遇的に特別に取り置いてくれたとか、糸のほつれ等商品面の問題を会計の直前で気付き、即座に交換してくれたといった対応などが重要である。婚約指輪の宝石ショップの場合、売るときだけ販売スタッフは一生懸命で、出来上がった商品の「お渡し」の局面で、うまく感動を共有できないと顧客にがっかりされてしまう。

このように、顧客から見て「この会社はここまでやってくれるんだ」という期待を上回る体験を、どの局面で提供できるか、綿密にデザインすることが重要なのである。

理想を言えば、すべての顧客接点、顧客体験において一生懸命頑張って、どの局面でも競合を凌駕する業界最高のサービスができれば、それに越したことはない。しかし、そんなことをしてしまうとコスト割れになって利益が出なくなってしまう。

大事な部分には、ある意味「過剰投資」をして丁寧に設計し、顧客から見てどうでもよい部分は極限まで合理化して手抜きをする、このメリハリが重要である。これが戦略的に「手抜き」をするということの意味である。

⑤コスト削減の定石

5つ目は、コスト削減を実施する上での定石である。まずは、顧客から見て関係のない間接経費の削減を徹底して行う。大企業の場合、目が行き届かずなおざりになりがちで、スポットライトを当てると早期の削減効果が期待できる。次に、事業に直結する物流費、原材料費の最適化余地を精査する。

さらに、商品アイテム数と商品アイテム別の収益貢献度を見ると、収益を稼ぐ商品アイテムが偏在しており、売れ筋商品と死に筋商品が明確に見えることが多い。この場合、商品アイテム数を絞り込み原価を下げることも検討に値する。ここまでは「モノ」のコスト削減である。

コスト削減の最終局面は、「ヒト」のコスト削減である。これは業務プロセス、組織の複雑性を極力排除することで実現される。

業務プロセスについては、まずは、誰が何の作業にどれだけ費やしているかを包括的に棚卸しする。業務の全体像の見える化がなされたら、各業務について、簡素化や廃止できそうなもの、プロセスをシンプル化したり自動化できそうな業務、同じ業務を様々な拠点で実施している場合は物理的な拠点集約、低付加価値業務を正社員が実施しておりコスト高になっている場合はアウトソーシング化など――を精査する。

また、実際にはこれが最も多い事象として散見されるのであるが、過去からの様々な経緯を引きずっており、今日においては特に合理的な理由はないが、「単に人が多い」業務については、冗長人員の適正化を粛々と行うべきである。

組織の複雑性については、例えば子会社の数、組織の箱の数、階層の数が多く、管理スパンが狭い(上司1人あたりの部下の数が少ない)と、それだけで多大な非効率をもたらす。仕事の責任範囲を各人が狭く狭く定義し、そこに人がいるから仕事がつくり出され、仕事のための仕事が生まれ、価値を生んでいるかいないかは二の次になってしまう。

これについても、冷徹な視点でゼロベースで見直すしかない。仮にゼロからいまの会社をつくるときに、「本当にそういった組織設計をするのか?」を問えば、かなりシンプルな解決策が導かれるはずである。

⑥M&AとPMIの定石

6つ目は、M&A（企業の合併・買収）を行いPMI（Post Merger Integration＝買収後の経営統合）を推進する上での定石である。定石のポイントは、①何を買収するのか、なぜ他社ではなくわが社が買収すべきなのか、②買収後、何をどこまで統合すべきか、③いかにして強い企業文化をつくっていくべきか――の3つである。

1つ目の「何を買収するのか、なぜ他社ではなくわが社が買収すべきなのか」について。まずは、ターゲット企業の買収を通じて、特に手に入れたいものが何なのかを明確にする。欲しいものは、自社が持っていない顧客基盤なのか、チャネルなのか、現在空白地帯の顧客セグメントに訴求できるブランドなのか、現場の営業力なのか、自社が弱い分野の技術力やケイパビリティなのか、優秀な人材なのか、それとも、財務余力や余剰資金なのか、短期にキャッシュ化できるコスト削減やリストラ余地なのか。

特に投資ファンドではなく、事業会社が他の事業会社を買収する際には、他社ならぬわが社が買収するからこそ、こういう超過価値が生み出せる、という理屈を突き詰めるべきである。

自社の既存事業にどういった価値をもたらすのか、逆に買収企業に自社のどういったケイパビリティを注入することによって、超過のリターンを得られるのかを、熟考するのである。これによって、他社よりも高い値段で買収することが正当化されることもある。ただし、相場が高いときはあえて買わない、という規律を持つことも同時に重要である。

2つ目の「買収後、何をどこまで統合すべきか」については、M&Aにはスケール・ディールとスコープ・ディールの2種類があることを認識する。

スケール・ディールとは、簡単に言えば同業他社の買収であり、買収を通じて市場シェアの向上が狙える案件、業界リーダーになるための必要な規模を獲得する案件とも言える。

スケール・ディールにおいては、統合後の企業価値向上の源泉のほとんどは、コストシナジーであることが一般的だ。重複機能、重複チャネル、重複組織をスリム化して規模のメリットを享受する。重複機能は「1+1=1」を基本原則として、合理化を徹底すべきであり、極力ほとんどの組織、機能をしっかりと片寄せ、統合して、いままで通りのハンズオンの経営を継続できる体制を構築する、というのが定石である。

スコープ・ディールとは、自社の本業とは異なる周辺事業の買収や、同業だが地理的な拡大を伴う買収を指す。

スコープ・ディールについては、基本的に自社がやっていない事業、現在のケイパビリティでは、自社には経営できない事業と捉えるべきであり、従って、統合アプローチは大きく異なる。

自分たちでは経営できないという割り切りから、組織の各機能における、鍵となる人材の離職防止が、ディールの成否を決定づける上で重要となる。キーパーソンが離脱してしまうと、もぬけの殻になってしまい、買収後の組織が機能不全に陥り、結局、何を買収したのか分からなくなってしまう。

組織統合は明らかにコストメリットのある共通の間接部門などに留め、連邦型の経営を目指すのが定石である。

3つ目の「いかにして強い企業文化をつくっていくべきか」は、買収企業の文化に片寄せできればシンプルだが、それが難しい場合は「良いとこ取り」をした新しい企業文化をつくるしかない。

企業文化とは、①それぞれの持ち場に適材適所の人材が配置され、高い実務能力を発揮する集団、②個々人が、数字や成果に対して高いコミットメントを持つ集団、③チームワークが促され、互いの仕事に良い意味で首を突っ込み合う雰囲気、④フラットで風通しが良くて、シンプルで迅速な意思決定構造の組織、⑤成果主義の昇給昇格制度と、居心地の良い自分の場所を確保するのではなくさらなる高みを目指す力が働く人事制度、⑥会社が人材育成にコミットして実際に人材への投資を惜しまない風土、⑦競合に対する「勝ち癖」がついた集団、である。

こういったことの達成を下支えするようなものを創造する必要がある。創造した企業文化は、宗教のように日々繰り返し唱え続ける。また、企業文化の体現を、日常の一挙手一投足で求めるような、人事評価制度の仕組みづくりが鍵となる。

結果を出せるコンサルタントを見抜く質問

質問5では、異なる事業へ展開する際の成功確率を議論する上での「定石」に加えて、コンサルタントが実践的に使う定石を、典型的な戦略テーマごとに6つ紹介した。

「コア事業の強化と新規事業展開の定石」と合わせた7つで、コンサルタントを起用するようなテーマとしては概ねカバーされているであろう。

コンサルタントを起用する前に見るべきポイントは、今回依頼しようとしている戦略テーマに関する質問をしたとき、ここで述べているようにテーマに即した「定石」をコンサルタントが自分自身の言葉で語り、ここで述べたのと似たような解答ができるかどうかである。

質問

6

現在のわが社の戦略で誤っている点、見逃している点は何ですか?

「直言」できるか?

価値提供方法は2種類

コンサルタントがクライアントとどのような関係性を持ち、どのように価値を提供していくか。大きく2種類あると私は考える。

1つ目は「サービス業」と割り切って、クライアントのリクエストにどこまでも徹底して応える方法。

2つ目は、大事な局面では客観的にクライアントが言われたくないような「耳がいたい」ことでもしっかりと言える存在である方法。

本来的に、この2つは二律背反するものではなく、時と場合に応じて使い分けるべきなのであるが、現実的に両立するのはなかなか難しいようである。

最近のコンサルタント

最近は、コンサルティング業界の規模の拡大と「大衆化」に伴い、2つ目の耳がいたいことを直言する側面が、非常に弱くなっている。コンサルティングサービスのあり方の歴史的な変化、と言ってしまえば聞こえがいいかもしれないが。

クライアントのリクエストにだけ忠実に応える姿勢は、コンサルタント自身の、高いプライドを持って、クライアントが自分たちで「できないこと」をやって価値を出そうという意識の欠如をもたらし、コンサルティング業界全体の提供サービスの質的低下を招く、根本要因になっていると思う。

このことをコンサルタント自身が強く自覚すべきであるのと同時に、起用者側も、高いフィーを勘案した場合、都合の良い作業要員としてコンサルタントを使うべきではないと厳しく認識すべきではないだろうか。

サービス業としてのコンサルティング

コンサルティングは、形のないものを提供する「サービス業」である。従って、クライアントの要望に徹底して応え、満足させることができればプロジェクトは成功である、というのが、サービス業としてのコンサルティングが拠って立つ基本的な考え方である。

起用者が自社でやるよりも、洗練された調査分析手法で、スピーディに正確に事実収集を行い、見栄えも含め、完成度の高い資料をつくってくれる便利な存在なのである。これはコンサルティングサービスの提供価値のひとつの側面であり、これ自体を否定する必要はない。

起用した企業側も、しっかり教育されたコンサルタントと、自社の実務チームがプロジェクトを組んで、机を並べて一緒に働くことで、コンサルタントの仕事の生産性の高さ、ハードワークを厭《いと》わない姿勢を見て、現場レベルで刺激を受けることもあろう。

起用者側の責任も

ただし、コンサルタントとクライアントの実務レベルでの関係性において、注意が必要なのは、コンサルタントがクライアントに言われたことは何でもかんでも「はい、分かりました」とリクエストを受けいれていると、クライアント側もそれが心地よくなってしまい、使い勝手のいい、作業をこなしてくれる人として、コンサルタントが「なくてはならない存在」になってしまうことである。

これはリスクが大きい。コンサルティング会社としては、こういった関係性が築けると、定常的に安定フィーを稼ぎ続けることができ、ある意味、楽で儲かるプロジェクトとして回すことができる。起用する側の現場サイドは、コンサルタントに日常業務レベルで「おんぶに抱っこ」の状態になってしまい、コンサルタント依存症になってしまう。一方で、クライアント側は次第に現場の力が削がれていく。

「耳にいたい」ことを「直言」できるコンサルタントか？

こういった「サービス業」的なあり方が強まってしまい、クライアントに言われたことをひたすらやり、クライアントの要望通りの報告書を社長や役員に上げるコンサルティング会社が、残念ながら急増しているのが、昨今のコンサルティング業界の実態と言えよう。

コンサルティングの価値の源泉は、事実と分析に基づいた正しい提言を行える青臭さ、クライアント社内の社内政治にもおもねらない客観性であることは言うまでもない。規模が大きくなろうが大衆化が進もうが、これだけは絶対に失ってはならない価値なのではないだろうか。

「NO」と言えないコンサルタントは企業価値を毀損する

クライアント企業の将来を決定づける大事な局面で、雇い主の意思に反するからといって「NO」と言えないコンサルタントなど、高いフィーを支払って雇う価値はない。

「NO」と言わないコンサルタントの方が、起用する側も耳心地がよく、痒《かゆ》いところまで手が届くサービスを現場レベルで提供してくれて、短期的にはお互いに居心地のよいプロジェクトが続く。一方で、耳心地のよい提言とスピーディな情報収集作業だけが提供価値だとすると、その企業を中長期的に誤った方向に導いてしまっているリスクがある。

例えば、「わが社の今後10年」の大きな方向性を決めるようなプロジェクトで、コンサルタントがクライアントのトップマネジメントの意見に迎合し、目先を満足させることを目的にただ同調するだけ、というのは大きな問題である。クライアント企業の「誤り」を指摘できないコンサルタントは存在価値がないどころか、誤った方向の提言を実行させてしまうことで、企業価値の毀損《きそん》に加担していると言わざるを得ない。

ある意味コンサルタントは、紙一枚でその会社を誤った方向に導くことができてしまうのだから、そういう自覚を持って顧客と対峙すべきなのである。

繰り返しになるが、コンサルタントの価値は客観的な事実と分析に基づき、誰にもおもねらず、正しい答えを「青臭く」直言できることである。自身が導いた答えが、クライアントのトップマネジメントの意見と異なるのであれば、それを伝えることでギクシャクするようなことがあったとしても、あるいはそのクライアントから「出入禁止」を喰らうことになるとしても、継続プロジェクトが取れないとしても、コンサルタント自身のプロフェッショナリズムとして「直言」を貫くべきである。

ひたすらクライアントに迎合するようなコンサルタントに価値はない。迎合は社内の素直な部下に任せておけばよい。クライアントに「耳がいたい」ことを直言できないコンサルタントは、その職業倫理に反していると認識すべきである。

品質基準が「相手次第」

耳がいたいことを言わない、サービス業的な側面が強すぎるコンサルティング会社や、急成長を遂げているコンサルティング会社で多いのは、クライアント側の要求水準、すなわち「どれくらいうるさ型のお客さんなのか?」によって、提供するコンサルティングサービスの品質が大きく違ってしまうことである。

コンサルティング会社は、プロジェクト期間中に要求レベルの高いクライアントにいろいろ苦言を呈されると、満足させるために、徹夜でも、追加人員の投入でも、プロジェクトの延長でも、プロジェクトスコープの拡大でも、パートナーやマネージャーによる梃入れでも、やれることは何でもして一生懸命に挽回して信頼回復に全力を尽くす。

サービス業的なコンサルティング会社で最も優先される価値観であり、成功の定義であるのは、目先のクライアントが満足しているかどうか、プロジェクトが炎上していないかどうか、ということである。

そういうコンサルティング会社で往々にしてあるのは、分析や提言に対し、コンサルティング会社自らが持つ「品質の絶対基準」が緩いか、基準自体が存在しないケースである。そのため、コンサルティング会社を起用することに慣れておらず、品質基準に対する判断力が不足した、いわゆる「緩いクライアント」のプロジェクトでは、起用する側の実務チームは、どういうリクエストをコンサルタントにしたらよいかよく分かっていない。

クライアントに何も言われないままプロジェクトが進み、結果的に最終報告まで「手抜き工事」が進み、起用した側も「まあ、こんなものかな」という感じでプロジェクトが終わってしまうのである。

プロジェクトがうまく回って、目先のクライアントが満足さえしていれば、パートナーもマネージャーも口出しすることはない。クライアントに何も言われなければ「この成果物のクオリティはわが社の基準を満たしていない、なぜならば……」といった「あるべき論」が、コンサルティング会社の社内で起こらないのである。

起用者は「丸投げ」してはダメ

コンサルティング会社と起用者が「ずぶずぶ」の緩い関係にならないためには、起用者も、一緒にモノを考えるパートナーとしてコンサルタントを使う。何も考えずに、丸投げ的にアウトソースすべきではないことを留意すべきである。

その意味からは、トップ自ら、あるいはその右腕的な社内のキーパーソンが、コンサルタントと一緒に知恵を絞って提言をつくるという姿勢でプロジェクトに臨むべきである。丸投げをするから、コンサルタント側も品質基準が緩くなってしまうのだと認識すべきである。使う側にも問題がある。

中堅クラスのエース級人材を投入すべき

また、起用者側としては、実務能力が高く、社内で人望のある中堅クラスのエース級人材をしっかりとプロジェクトメンバーに入れるべきである。プロジェクトメンバーとして、「あの人がそう言っているなら仕方がないな」と社内で思われるような信頼されている人材が加わることで、提言を受けた後の実効性は飛躍的に高まる。

プロジェクト期間中には、分析スキルや情報収集の方法論についても可能な限り、社内の若手の優秀な人材がしっかりと時間を割けるかたちにし、コンサルティング会社と協働して、スキルの移転を受けるべきである（詳細は後述する）。

起用者側のプロジェクトメンバーも、個々のコンサルタントの動きを真似て学習することで、ある程度コンサルティング会社と同じような手法がマスターできる。そうすると、プロジェクト終了後にコンサルタントがいなくなっても、実務として回していけるようになる。

「改革」は最長でも18カ月で仕上げる

「改革」と銘打って、プロジェクトチームを立ち上げることは多い。しかしながら、何年もかけてだらだらと改革プロジェクトをやってしまうと、「改革、改革」と言っていることが日常のルーティン活動になってしまい、組織が「改革疲れ」を起こしてしまう。経験上、改革と言うからには最長でも18カ月間、できれば12カ月程度で一気呵成に仕上げてしまうべきである。

コンサルタントを起用する期間も、「短期間の起用、成果を最大化」を肝に銘じて臨むべきである。そうしないと、コンサルティング会社によっては、自分たちがだらだらと居座るための組織の箱をつくり、5年も10年も延々と、手を替え品を替え、いろいろなプロジェクトを提案して居続けようとする。

様々なプロジェクトを、体裁よく売るための口実として「トランスフォーメーション」という2年のトータルパッケージじゃないと会社は変わりません、というコンサルティング会社も存在する。

それくらいならまだマシな方で、会社が経営危機の局面に、組織としてほぼ思考停止で「死に体」の状態なのに、複数のコンサルティング会社がこぞっていろいろなプロジェクトを立ち上げ、まるでコンサルティング会社のデパートのように社内に各社が並んでしまい、しかも、まともな成果は出ず、会社を立て直すこともできず、結果的にコンサルティング会社だけが儲かっているような起用例もある。これは、コンサルティング会社と起用者の双方に責任がある状態である。

「耳がいたい」のではなく「単にいたい」コンサルにも要注意

コンサルティング業界の大衆化が進展した現在であっても、単にクライアントの要望に応えるだけではイマイチで、クライアントの要望の先を行かなければならない、という強い想いを持ったコンサルタントもいる。

これはたいへん好ましいことであるが、「想い」だけが強く、残念ながら「技」が拙いと、耳がいたいことを言うのではなく、単に「いたい」コンサルタントになってしまう例もある。耳がいたいことを言うことが目的化してしまい、「いたい」抽象論に終始するコンサルタントにも注意が必要である。

例えば、起用を検討している側が出したRFP（Request for Proposal＝提案依頼）に対して、「御社の課題設定は違っています、本当に大事なのはこういう課題です」と提案する。これは、問題を再定義するという、コンサルタントとして比較的難易度の高い技術であるが、これを拙い技しか持たないコンサルタントがやってしまうと、極めて抽象的な、全く建設的ではない議論になってしまう。実際にあった具体例を3つ紹介したい。

1つ目の例は、オペレーションのプロセス再設計のプロジェクトを依頼しているときのことである。プロセスの再設計の提案を頼んでいるのに、「御社に必要なのはプロセスの再設計ではなく、ビジネスモデルの再構築です！」と言い放つコンサルタントが実在した。そう言いながら、では具体的に何をしろと言っているのかは、一般論すぎて意味不明であった。

「直言」できるか？

オペレーション設計をする前に、ビジネスモデル、すなわちどの顧客を狙い、どの領域でどうやって差別化をし、なぜ競合に勝てて、儲けることができるのか、そこを再考すべきだ——といったことが趣旨なのであろうが、起用者側から言わせれば、「そんなことは言われなくても分かっている。コンサルティング会社に頼まずとも自分たちで考えている」というレベルの浅い問題提起であった。

見直すべきと言いつつ、ビジネスモデルについてこれといった対案がなかった点が、痛々しいとしか言いようがなかった例である。

2つ目の例は、戦略構築のプロジェクトの提案を依頼しているのに、「御社に欠けているのは戦略の構築ではなく、それ以前の基礎情報である顧客データベースです。不完全な顧客データベースを整備することが、何よりもまず必要なことです」と言ってのけた。

これは単に、IT系のコンサルティング会社が、自分たちが戦略プロジェクトを提供できる自信がないため、期間が長くて儲かるITのプロジェクトを売りたかったから言っているだけの、議論のすり替えであった。

3つ目の例は、企業の中期経営計画にダメ出しをするコンサルタントである。これは社会常識を知らない典型的な「コンサル職人」がやらかす仕業である。

中期経営計画は、IR（財務広報）の観点から投資家向けに、適切に期待値をコントロールして情報を出していく必要がある。従って、何でもかんでも決まっている戦略を公表すればいいわけではなく、外に言うべきこと、言わないことを思慮深く分別することも重要である。

そういった前提で公表されたＩＲ資料の中期経営計画にちゃちゃを入れるというのは「いたい」としか言いようがない指摘である。

「直言」で打ち切りになったプロジェクト

必要な局面ではクライアントの意に反してでも「直言」することがコンサルタントの存在価値である、というのは前述の通りだが、実際にあった「直言」プロジェクトの事例を紹介したい。

ある外資系投資ファンドの日本支社が、ある会社の買収を検討し、外資系戦略コンサルティング会社にデューディリジェンス（事業精査）プロジェクトを依頼したときのことである。コンサルティング会社が調査分析を進めていくにつれて、買収を検討している会社の収益向上ポテンシャルは、現状手がついていない諸施策を実施したとしても、その投資ファンドの本国の投資委員会が求める水準のＲＯＩ（投資対効果）は得られない、ということが見えてきた。

その外資系投資ファンドと外資系戦略コンサルティング会社は、本国で深い関係にあったため、コンサルティング会社の日本支社は社内で、日本とその本国にあるオフィス間で連携して、このプロジェクトについてどう対応すべきかをグローバルチームで協議していた。

一方、デューディリジェンスプロジェクトの雇い主である投資ファンドの日本支社のチームは、日本支社を立ち上げて間もなく、まだ投資実績も少ないことから、極論すればなんでもいいので「とにかく投資がしたい」というモードで動いていた面が、なきにしもあらずであった。

コンサルタントがそのプロジェクト期間中に、投資のリスクや、想定よりも企業価値の向上が見込めない可能性が高いことを伝えても、どうしても投資をしたい投資ファンドの日本のチームとは全く話がかみ合わない。コンサルタントが出してくるネガティブな事実や情報を潰しにかかる始末であった。こういった場合にどう対応するかは、ある意味でコンサルタントとしての職業倫理が問われる局面と言える。

易きに流されれば、プロジェクトフィーを払ってもらっている日本のチームの投資に対する「前のめりな意見」を柔軟に取り入れ、起用者のニーズをくみ取って、投資を正当化するようなレポートに書き換えてしまえばよいだけである。前述の通り、コンサルタントにとって数字の組み立て、数字の規模感を意思を持って調整することは簡単なことである。目先で対峙しているお金を払ってくれている人、この場合はファンドの日本支社の日本人の意向に沿って、サービス業に徹し、言われた通りのレポートを書けばよいのである。そうすると、本国の投資委員会にもこのコンサルティング会社はお茶を濁した折衷案をレポートすることになる。

一方、コンサルティング業のプライドの拠り所を「直言すること」に置いているコンサルティング会社の場合はどう動くだろうか？

プロジェクトが途中で打ち切られることも覚悟して、また、日本ではその投資ファンドには今後「出入禁止」になってしまうこと、目先のクライアントにも二度と使ってもらえないことを承知の上で、投資ファンドの日本のチームの意向をすっ飛ばし、グローバルのこの投資ファンドとコンサルティング会社の会社対会社の関係を利用し、本国の投資委員会に日本のコンサルティングチームが直訴するのである。

実際、私が過去に経験したプロジェクトでは後者の行動をとり、その結果、ファンドの本国投資委員会側がプロジェクトの途中段階で早々に見切りをつけて投資への"No Go"を決め、わずか2週間で打ち切られた。もらえるはずだったフィーは激減した。

この出来事は、コンサルティング会社の社内でどう評価されるだろうか？　これは会社によって大きく分かれる。直言を厭わないDNAを持つコンサルティング会社の場合、コンサルタントとしての客観性、中立性、存在価値、職業倫理に徹したということで、短期的な収益を追いかけることなく、真実を貫いたことが社内でもむしろ賞賛される。

一方、収入や規模拡大至上主義のコンサルティング会社の場合はどうであろうか？　売上を落としてしまったことを糾弾されてしまうであろう。

コンサルティング会社の、社内の底流を流れる価値観によって、個々のコンサルタントの立ち位置のとり方、行動様式が変わってしまうのである。

大衆化路線で急成長しているコンサルティング会社は、得てしてクライアントに言われた通りのレポートを上げるような立ち位置をとることが多く、目先のクライアントにおもねって易きに流れてしまう傾向にある。

起用するクライアント側も、その方が使い勝手がいいので短期的にはwin-winなのである。しかしながら、コンサルティング会社も起用する側も、目先の目的の実現、この場合は投資の実行だけを追い求めてビジネスをしていると、中長期的には投資の失敗が顕在化し、クライアント企業に損失を与えてしまうリスクがあることは言うまでもないであろう。

結果を出せるコンサルタントを見抜く質問

クライアントにおもねらずに、必要な局面で「直言」できるコンサルタントかどうかを、プロジェクト開始前に見分けるのはやや難易度が高いが、「現在のわが社の戦略で誤っている点、見逃している点は何ですか？」と尋ねてみよう。

これに対して、**躊躇することなく自分の意見を淡々と、事実とコンサルタント自身の過去の経験に基づき、素直に鋭い指摘ができるかどうかが見るべきポイントである。**

「直言」するコンサルタントは、プロジェクトが始まっても、ある意味、使いにくいコンサルタントなのかもしれない。しかしながら、御用聞きのように何でも「はい、分かりました」と言い、やたらと営業力だけは高いコンサルタントに長居されるよりは、短期的に起用して企業価値を高めることができる可能性が高いと言えよう。

質問

7

わが社の「意思決定プロセスの特徴」をどう見ていますか？

組織の「空気感」が分かるか？

KYだとコンサルタント失格

コンサルタントの事実収集や分析など「ハード面」で必要なスキルは、いわば「青臭い」書生的な能力である。これが身に付いていないと話にならない。

ただこれだけでは不十分で、フィクサー（組織内の暗躍者）として、正しいと確信した提言を、クライアント社内の政治、組織力学を読み解き、うまくコミュニケーションをとって通していく「ソフト面」のスキルも、同じくらいに重要である。

そういう意味では、場の空気（K）を読めない（Y）「KYな人」ではコンサルタントはつとまらない。

フィクサーをつとめるには、人間関係、人間模様、社内の力学が、直感的に空気感で判別できることが求められる。

例えば、クライアントの会議に一回出て誰がキーパーソンなのか、この人は口ではこう言っているが、上司の手前こう言っているだけで、本当はこう思っており、言外の意図はこうだ。

誰かがコメントしているときに、他の人がどういう態度をとっているか、各参加者の反応から読み解くと、この人とこの人はこういう関係性だ、表面上は良好に振る舞っているが、裏では実は好意を持っていないとか、リスペクトしていないとか、寡黙な人だが周りから信頼されている、などである。

また、組織上の役割を超えた、クライアント社内の意思決定構造、「組織の癖」も感じ取る必要がある。

このあたりの感度が鈍いコンサルタントを起用してしまうと、正しい提言を出せたとしても、社内を通すことができずに苦労し、結局棚上げになってしまうリスクが高い。

KYなコンサルタントと仕事をすると、提言を受けた起用者が、現実的に自社で起こりうるような実行上の障害などを、コンサルタントに説明しても、自身が出した提言にひたすら頑固にこだわり、分析をさらに進めて提言を具体化させようとか、実行へ向けてより「こなれた」提言へと進化させようといった努力をすることなく、コンサルタントとして机上の空論を振りかざし続けて終わるリスクがある。

また、社内政治に対する理解力がないと、クライアントとして、うまく第三者の客観的立ち位置を利用してコンサルタントに「言わせる」的な使い方がしづらく、使いにくい存在になってしまう。

ＫＹなコンサルタントは少なくない？

実際問題として、起用する側からするとＫＹなコンサルタントは結構いると思う。なぜかというと、コンサルティング会社は調査、分析スキルや論理的思考力などは、体系立てて教育してくれるが、コミュニケーション面の教育の不足感は否めないからである。

コンサルティング会社の新卒教育では、それこそ名刺交換の仕方、部屋に入る順序、エレベーター内での振る舞い方など、極めて基本的なことは教えてもらえるが、日常のコミュニケーションを通じてどのように場の空気を読むか、といった類いの訓練は皆無に等しい。若手は余計なことを気にせずに、調査や分析作業に没頭していればよいといった風潮のコンサルティング会社もある。

無駄の効用？

外資系コンサルティング会社では、日本企業と比べると理不尽な怒られ方をすることも少ないのではないだろうか。最近は日本企業でもこういうことはないのかもしれないが、良いか悪いかは別として（個人的経験で言えば）、日本企業に新卒で入社すると、例えば会社の飲み会を盛り上げることを求められ、盛り上げ方が足りないと、翌朝上司に呼び出されて叱責されたり、資格試験の直前の週末に会社の旅行行事が予定されていたが、試験対策のため旅行に参加せずに週末は勉強したいと上司に伝えると、上司の席の前に何時間も立たされたまま、すごい剣幕で怒られ続けたりなど。

日本企業では、そういった日常の仕事そのものとは直接関係のない経験を通じて、人間関係の持ち方についても、結果的にオン・オフ問わずきめ細かく指導がされているのかもしれない。

こういう仕事と直接関係がない、一般的に人間関係を円滑に進める上でのコツは、コンサルティングスキルとは全く無縁ではあるが、無駄の効用というか、見えないところで場の空気を読む力とか、人の気持ちを言外に察するとか、そういったスキルを身に付ける上で、実は有用なのかもしれない。こういう理不尽な経験も若いうちは必要なのだろう。

コンサルタントとして働いている年数が長かった私個人としては、自戒の意味も込めてそう思うが、理屈で割り切れるスキルの習得だけに没頭していては、半人前のような気がしてならない。私の経験上、「新卒上がり」で事業会社経験のないコンサルタントほど、KYの「いたい」人になってしまうリスクをはらんでいると思う。

営業のミッションはパートナーかその手前くらいから始まる

コンサルティング会社によって多少の差はあるが、新卒でコンサルタントを始めると、プロジェクトを売る「営業」的なミッションが与えられるのは、早くてもマネージャーの後半、新卒入社のコンサルタントの場合、入社してから7年くらい経ってからである。

営業のミッションが問われるのが遅いコンサルティング会社の場合は、パートナーになって初めて、すなわち入社して10年間以上は、営業をせずに目先のプロジェクトに没頭している。

こういった背景もありコンサルタントは、特に新卒入社の場合、必然的に営業に苦手意識を持ちがちである。パートナーになった直後のグローバルトレーニングで初めて、ネットワーキングや営業のコツを教わる。

例えば、お客さんをどうやって自然に食事に誘うか、どうやってプロジェクトが終わった後でも関係を維持するか。自身のクライアントネットワークをつくるために、いかにしてネットワークの中核となって様々なクライアントを紹介してくれる支援者をつくっていくべきか――。

やらなければいけないと思いながらも、なかなか腰が重くて動かないネットワーキング活動を、一定の規律を持ってやるために、秘書に毎月コンタクトをとるべき人をリストアップしてもらうのがよいなど、事業会社では当たり前のようなことをパートナーになって初めて習ったりする。

コンサルタントは、「分析官」としてある程度脂が乗った後で、いろいろ苦労しながら営業スキルを身に付けていく。入社してから大分時間が経った後で、正しいことさえ言っていればよいミッションから、クライアントに合わせて柔軟にコミュニケーションしなければならない営業的ミッションに大きく舵を切ることを余儀なくされるのである。

解説してあげるのが得策?

起用者としては、KYなコンサルタントに当たらないことが第一であるが、コンサルティングの本業での客観的な正しい答えを導き出す「腕の確かさ」と、組織の空気を読み解く力は、互いに関係のない異なるスキルである。ソフト面のスキルが低くてもハード面のスキルが高いコンサルタントは、実際かなりいると思う。

その意味では、起用者としては、ハード面の腕は確かだが、残念ながら空気が読めない、ソフト面のスキルに課題のあるコンサルタントに当たってしまった場合には、割り切って教育してあげるのも現実的な解決策かもしれない。自社の組織の癖、意思決定のプロセス、政治的な人間関係などについて、しっかりと解説してあげれば、コンサルタントはインプットされたことを咀嚼する意味での学習能力が高いので、すぐに理解できると思う。

組織の癖の例

純粋培養の新卒コンサルタントがなかなか理解しにくい「組織の癖」というのは、例えばこの類いのものがあろう。

ある企業では、役員会などフォーマルな会議の席ではお互いの意見を絶対に正面切って否定せずに、友好的な雰囲気で議論を終えてしまうが、裏ではお互いのことをぼろかすに言っており、実務上は協力体制をとるのが難しかったりする。

また、ある組織では、バブル入社組が多すぎて先がツカえており、下の年代が昇格できずいつまでも下っ端の仕事をし続けて閉塞感が募っている。上がのさばり、言いたいことを言えない空気が蔓延している。

別の組織では、役員を交えた進捗会議ではすべてのタスクが「青信号」との報告がなされるが、企業文化的に役員の前で恥をかくことを極度に恐れるため、事前の実務レベルの根回し会議では、進捗を表す信号の色「赤・青・黄」について熾烈な議論があり、悪い情報を隠してすべて青信号に見せるための非生産的な会議が恒常的に行われていたりする。

あるいは、お互いの仕事に首を突っ込みたがらない、相互不可侵的なサイロ型組織や、トップダウンが全く利かない面従腹背組織、現場で物事を通すために皆が「社長が言っている」を連発する、虎の威を借《か》る狐型の組織などもある。

こういったことは、事業会社で働く立場からすると、当たり前に理解すべきことのように聞こえるかもしれないが、事業会社経験がなく、感度が低いコンサルタントには本当に分からないので、解説を要するであろう。

変革時における抵抗勢力の行動

ここまで述べてきたのは、定常時における会社組織にありがちな「組織の癖」であるが、改革を推進していく際に起こる、人間の感情の起伏の変化を理解することも、うまくモノを動かしていくためには不可欠である。こちらの方が、コンサルタントは過去のプロジェクトで経験している可能性が高いが、それでもKYなコンサルタントに遭遇した際には、地雷を踏まないためにも解説してあげることが必要かもしれない。

これまで考えたこともなかったような大胆な改革や、薄々は気付いていたが、やはり現状を否定して、大きな痛みを伴う改革が必要であることを突きつけられたときに、一般的な反応として2つのパターンがある。

1つ目は、否定的に捉えるケースである。まず、感情的に拒絶し、思考停止に陥り、ただただ怒りだけが増長される。少し時間が経ってクールダウンすると、今度は社内における駆け引きを試み、それでも変革の流れが止められないと判断すると絶望する。いよいよもって改革として言われていることの内容を理解しようと検証を始め、最終局面では受容するか、組織を去るか、という選択を迫られる。

2つ目は、肯定的に受け取られるケースである。この場合、まずは必ずしも事実や情報に基づかない楽観主義から始まる。何かしらの改革をしたいと組織がうずうずしていたことの証である。これが現実的な実行上の困難を知り、情報に基づく悲観主義に転じ、追加の調査確認作業が始まる。それを踏まえて希望的な現実主義となり、最後には情報に基づく楽観主義に転じて受容される。

後者の方が、表立ってのハレーションが限定的で、組織が負の力で消耗することが少ないが、すべてのケースでそう誘導できるとも限らない。

特に、前者のように組織内に否定的な抵抗が発生した場合、どのタイミングでどういう対話を行うべきかが、改革を推し進めていく上で重要となる。相手の感情が高ぶっているときに提言の理屈の正しさだけを主張したところで、火に油を注いでしまうだろう。この局面では、ひたすら聞き役に徹するべきである。

ある程度クールダウンしたタイミングで、提言の正しさを相手の立場と照らし合わせて、相手の言い分をしっかり聞いて、現実解として、軌道修正を施すようなコミュニケーションを駆使しながら、徐々に受容されるように持っていくべきである。相手の抵抗の仕方を捉えた適切なコミュニケーションの繰り返しが、重要なのである。

フィクサー機能だけだと本末転倒?

逆に、こういった社内事情や抵抗勢力の行動様式などにはハナが利き、ソフト面のスキルは高いが、ハード面のスキルが伴わないコンサルタントにも、注意が必要である。

最近の人材派遣型のサービスを提供しているコンサルティング会社の場合、優秀なシニアパートナーが、高いコミュニケーションスキルで社長とツーカーになり、良き相談相手として価値を提供している一方で、その下のチームは、単に人材派遣として起用者側の社内の作業、極論すると社内の会議のメモ取りを起用者側の若手の指示を受けてやっているようなレベルの仕事もあるようである。

起用している企業側も、社長の話し相手としての価値に年間数億円払っていると割り切っているようで、パートナーのカウンセリングサービスを買って、そのコンサルティング会社を使い続けていると聞く。

このようにコンサルティング会社のシニアだけが強く、ジュニアメンバーのスキルがおぼつかないようなチーム構成の場合、プロジェクトをやっても、現場の実態に裏打ちされた、財務的成果が出るアクションが導かれるかどうかは、はなはだ疑問である。いつまでたっても、企業価値を高めるような提言を期待することは相当困難であると言わざるを得ない。

結果を出せるコンサルタントを見抜く質問

コンサルタントに「わが社の組織構造、意思決定上の複雑性や組織の癖は、外からご覧になってどう感じますか？」と尋ねてみよう。

この質問に対して、**組織の人間力学も読み解いた気の利いた答えができないコンサルタントは、プロジェクトが始まっても、社内事情を理解させるのに苦労が伴う。**

また、**もうひとつソフトスキルレベルを測る上で最も簡単なのは、コンサルティング会社の選定中に、起用するコンサルティング会社を決める上で鍵となる人物を正しく見極め、どの程度その人にコンタクトをとるかを見れば一目瞭然である。**

そのセンスを見れば、ＫＹか如才ないか、よく分かるはずである。

質問

8

今回のプロジェクトは成功報酬でお支払いしてもよろしいですか？

「成功報酬」を歓迎するか？

コンサルティング会社は皆「結果主義」

日本のコンサルティングの市場規模が大きくなり、大衆化路線を突き進んでいることはこれまでに述べた通りであるが、同時に、コンサルティング会社が「結果主義」を謳うことも当たり前になってきている。

ある意味当然ではあるが、「うちはパワーポイントのレポートだけを作成し、机上の空論だけを語ります。実際に結果が出るか出ないかは、実行するあなた次第です」と言ってのけるコンサルタントなどいるはずもない。サービス業をやっているのに、「うちの会社は顧客を大事にしません」という会社が世の中に存在しないのと同じことである。

異なる「結果」の定義

一方、コンサルティング会社が言う「結果主義」の意味するところは、各社各様であると言わざるを得ない。企業がコンサルタントを起用するのは財務的成果、すなわち「キャッシュ、利益、株価」を上げるためであるべきである。

しかしながらコンサルティング会社によっては、プロジェクトを通じて新しい事業が立ち上がっただけの事実、組織改編が行われたこと、人材育成に貢献したことなどなど、付随的な成果だけをもって「結果」と呼んではばからない例もある。

こんなものは副産物であって、高いフィーを支払うわけなので、あくまで起用する以上は財務的成果が出たかどうか、そこに徹底的にこだわるべきである。

この点は、起用する側に厳しさが欠けている面も否定できない。単なるお勉強のための調査プロジェクト、予算を使い切らないと来期減らされてしまうことから、予算消化のためにわざわざつくられたプロジェクト、会社のビジョンを1年もかけてつくる、意図がまるで見えないプロジェクト、社内資料作成のためのコンサルタントの起用といった、意味のないいろいろなプロジェクトが、現に存在している。

こんなことにコンサルタントを起用しても、費用対効果が絶対に正当化されることはない。

テーマを決めない「年契約」は避けるべき

結果が出にくいプロジェクトの典型として良くないのは、テーマを決めずにコンサルティング会社と「年契約」をして、常駐コンサルタントを受け入れてしまうことである。

起用する側からすると、優先度の高くない現場の資料づくりまでをコンサルタントに頼んでしまうリスクをはらむ。

年契約プロジェクトは、コンサルティング会社としてはこんなに楽に稼げる仕事はないが、個々のコンサルタントの立場からすると、コンサルティングの腕が鈍ってしまう仕事でもある。お互いのために、コンサルタントはきちんとテーマ、期間、検討範囲、予算を決めて起用すべきである。

クライアントとコンサルタントの関係性が深まり、慣れてきてお互いになくてはならない存在になると、年契約にしてしまいたい誘惑にかられるが、お互いの規律、良い意味での緊張感がなくなってしまうので避けるべきであろう。

曖昧に作業を受けて、起用者側の「人手」となってしまい、労働力としてなくてはならない存在になってしまうのであるが、こういったプロジェクトで財務的成果が出たという話は聞いたことがない。

コンサルティング会社もクライアントも、お互いに楽をするために人手として雇い、雇われている状態となり、互いに成長も望めない関係性になるリスクが高い。

トライすべきは「分解」発注

年契約はデメリットが多いが、逆に起用者側にとってうまく使うとメリットが大きいのが「分解」発注である。コンサルティング会社は一般的に、1チーム1カ月でいくら、というかたちで「パッケージ」提案をしてくる。パートナー2名、マネージャー1名、コンサルタント2名、アナリスト2名、というのがよくあるチーム体制である。

コンサルティング会社からすると、パッケージで売りたい明確な動機がある。相対的に給与の安いアナリストやコンサルタントを数人含むかたちでプロジェクトチームのピラミッドを構成し、パートナーがマネージャーを使い、マネージャーがコンサルタントやアナリストを使う体制でレバレッジを利かせ、チームとして高い収益性を実現しているのである。

一方、起用者側から見ると、実際にはパートナーは初めのプロジェクトを売る営業だけをやっていて、プロジェクトが火事になったときの消火活動では相当の時間を使うであろうが、定常状態では鍵となる報告会だけに来て一言二言、「もっともらしいこと」を言って帰るようなケースも実際に少なくない(質問10で述べるが、これは望ましくないパートナーの「使い方」である)。そのわりには、大きな金額をパートナーの稼働見合いで請求されているのである。

また、最もジュニアのアナリストは、リサーチやエクセル作業を中心に行っているが、起用者からすると作業を買うことに本質的な意味はないし、新人コンサルタントの教育コストを起用者が支払う筋合いもない。

従って、コンサルティング会社のピラミッドを分解して、マネージャー1名とコンサルタント1〜2名だけでプロジェクトをやってもらうのが、最も費用対効果が高い。特に、戦略構築のプロジェクトを終えた後の実行フェーズのプロジェクトなどは、起用者としてやりたいことはもう明確になっているので、プロジェクトの実行部隊としてはこの程度のチーム体制で必要十分である。

ただしこの場合、自社の優秀な社員を何人かフルタイムでプロジェクトにつけて、コンサルティング会社のマネージャーにうまくレバレッジをさせることがポイントである。そういうかたちで実施した方が、コンサルティング会社とのプロジェクトを終えた後も、スムーズに提言の実行へと行動を移しやすい。施策の実効性、定着度が高まるのである。

分解発注を希望する起用者としては、「コンサルティング会社の営業コストやジュニアの教育コストまで顧客に請求しないでくれ」と言えば理屈としては十分であろう。実行フェーズの継続プロジェクトでは、こういった発注方法が費用対効果を最大化する上で有効である。

チーム編成にもこだわる

コンサルティングプロジェクトの成否は、マネージャーのスキルに大きく依存する。正直に言ってしまうと、ジュニアコンサルタントのパフォーマンスが少しくらい悪くても、マネージャーが優秀であればチームとして帳尻を合わすことができる。

パートナーだけが優秀でマネージャーが弱い場合は、パートナーの仮説だけが先走ってしまい、マネージャーとジュニアコンサルタントが実際の中身をつくれない状態に陥ってしまい、結果、地に足がつかず、プロジェクトの提言内容の書類と、会議でパートナーが口頭で「カマして」いることとが最後までかみ合わず、実効性の低いプロジェクトに終わってしまうリスクが高い。

優秀なマネージャーを選ぶためには、コンペ段階から担当マネージャーを決めてもらい、提案プレゼンテーションに参加してもらうことが必須である。本書で掲げている質問を担当パートナーとマネージャー双方にぶつけて、反応を評価していくのが得策である。

また、コンサルティング業界の大衆化を「逆手」に取るやり方として、戦略系コンサルティング会社出身で、会計系あるいはIT系コンサルティング会社に移籍しているパートナーやマネージャーを特定して、個別に指名するという方法もある。

もちろんそのパートナーの腕が確かであることが大前提だが、ピンで立っている元戦略系コンサルティング会社のパートナーを指名できれば、相対的に安価なフィーで確かな品質のプロジェクトができる可能性が高まる。

右脳系のソリューションに多くを期待しない

コンサルタントは基本的に「左脳のプロ」なので、優秀なコンサルタントとは、定石をしっかりと身に付けた左脳人間であり、合理的な論理解を出すことに長けた人である。従って、クリエイティブに無から有を生み出すことはあまり期待すべきではない。右脳系の仕事はクリエーター、デザイナーに頼むべきことである。

例えば、顧客の声を聴いても、左脳的に過去のトレンドを押さえたとしても、クリエイティブに、新しい時代をリードするような洋服はつくれないであろう。新たな顧客ニーズを創造していくような能力は、コンサルタントの有するスキルとは異なるものであろう。また、スティーブ・ジョブズのような業界全体をも再定義するような能力を、コンサルタントが持っているかと言えば、私は持っていないと思う。適性が全く違うのである。

コンサルタントはあくまで事実を積み上げ、理屈で考えて、合理的な答えを出すプロである。これは無から有を生み出す能力とは、全く異なると考えるべきであろう。

そういった背景もあり、最近ではコンサルティング業界でも、左脳系のコンサルタントと右脳系のクリエーターとのコラボで、プロジェクトを行う例が増えている。コンサルティング会社による、広告系企業やデザインファームの買収例も出てきている。左脳系アプローチに右脳系の能力を融合し、あるいは右脳のクリエーションのプロセスを形式知化して、極限まで左脳的なアプローチでやろうとするトライアルも始まっている。

事実分析、客観視、論理、合理性を追求するアプローチと、感動体験、無から有、業界イノベーションを起こすといったアプローチは、全く異なるスキルセットが求められると認識した上で、何でもコンサルティング会社に依頼したりせずに、起用者としてうまく使い分けることが賢明であろう。

成功報酬型の提案を求める

結果を出せるコンサルタントは成功報酬型の提案に前向きである。仮想の戦略構築プロジェクトではあるが、成功報酬の設計の具体例を紹介したい(図7)。プロジェクトフィーの一部をこういったスキームと紐付けることを、コンサルティング会社に逆提案してみよ

図7　成功報酬の設計例

		評価
1	儲かる顧客セグメントの特定と対応基本方針の決定	1　2　3　4　5 点
2	顧客ロイヤルティを醸成する上で鍵となる顧客体験の明確化	1　2　3　4　5 点
3	販売現場でのベストプラクティスの横展開、新PDCAサイクルの運用	1　2　3　4　5 点
4	実行計画の策定、施策の推進上モニタリングすべきKPIの特定	1　2　3　4　5 点
5	クイックヒット施策による早期の財務的成果の実現	1　2　3　4　5 点

プロジェクト達成度の評価

①＋②＋③＋④＋⑤＝　　　　点

う。

ここで紹介する仮想の戦略構築プロジェクトの目的は5つある。

1つ目は、儲かる顧客セグメントの特定と対応基本方針の決定である。典型的な戦略構築プロジェクトにおける分析の第一歩は、顧客セグメンテーションと儲かる顧客の特定だからである。さらに、自社として収益性が高く、自社の優位性を発揮できる顧客に対する優先順位を高め、従来以上に優先顧客セグメントのニーズに応えることができる、商品・サービスを設計するアクションへとつながっていく。

2つ目は、顧客ロイヤルティを醸成する上で鍵となる顧客体験の明確化である。顧客接点のうち、特に重要な体験価値を提供できる局面で、競合を凌駕することが重要であり、そういった局面に対しては競合よりも手厚く過剰に投資をし、コストをかけて体験価値の上質化に努めるべきである。

3つ目は、販売現場でのベストプラクティスの横展開と、新しいPDCAサイクルの運用である。業績の良い販売現場には「正解」があり、それをうまく形式知化して全社展開できるようにかみ砕くことが、財務的成果を最大化する上で重要なのである。

また、販売現場と本社との対話があるから、日々の業績が達成されたか、されていないか、それはなぜか、では明日からどうアクションを変えるべきか——こういったPDCA

サイクルをうまく植え付けることも、現場が属人スキルで孤軍奮闘しないために有効な施策である。

4つ目は、実行計画の策定、施策の推進上モニタリングすべきKPIの特定である。プロジェクト期間中に実現が間に合わない施策については、実行計画を綿密に立てて、誰が、何を、いつまでに実施すべきかを明確にすべきである。

また、実行が順調に進捗しているかを判断するための、プロジェクト管理のKPIを適切に設定することも、施策が立ち消えにならないために重要なポイントである。

5つ目は、クイックヒット施策による早期の財務的成果の実現である。戦略構築プロジェクトであっても、早期に財務的成果が期待できるアクションについては、プロジェクト期間中に着手し、少額でも財務的成果を上げることで、プロジェクトに良い機運を醸成していくべきである。机上の分析に留まらず、こういった活動を推し進めることもコンサルタントに求めるべきである。

この5つの要素それぞれについて、コンサルティングプロジェクトで実現すべき目標を決めて、それに対する達成度合いを例えば五段階評価して、その合計点が何点以上だと成功報酬フィーの何パーセントを支払う、といった設計をプロジェクト開始前にコンサルティング会社との間で固めておけば、戦略構築プロジェクトでも成功報酬導入は可能である。

結果を出せるコンサルタントを見抜く質問

結果主義を本当に標榜しているコンサルティング会社であれば、プロジェクトのフィーの全額または一部を、成功報酬にすることを厭わないはずである。最近流行のスポーツクラブではないが、「結果にコミット」を求めるべきである。

コスト削減のプロジェクトであれば、成功報酬の導入は比較的容易である。プロジェクトでの活動を通じた財務的成果が分かりやすいからである。戦略構築プロジェクトの場合、効果を直接的に計測するのはなかなか難しい。

しかしながら、こういった上流工程のプロジェクトでもコンサルティングを通じて実現したい要素をあらかじめ数個列挙して、プロジェクトが終わった際に、各要素がどの程度実現されたかを互いに評価しあい、その評点とフィーとを関連づければ、成功報酬の導入は可能である。

成功報酬を導入すれば、コンサルタント側も緊張感を持ってプロジェクトに臨むことができるし、起用する側の実務チームも、不完全な点があると評点に表れてしまい、経営への説明が難しくなるので、クライアントと起用者の双方が運命共同体として取り組みやすくなる。

従って、**コンサルタントに尋ねるべき質問は、「御社が結果主義を謳われていることに共感しています。お互いに結果にコミットするために、成功報酬で提案していただけますか？」**である。このリクエストに対して、のらりくらりとしか答えないコンサルティング会社には注意が必要である。

RFP(Request for Proposal)の出し方

コンサルティング会社を起用する場合、必ず複数社を比較検討することが望ましい。また、常に緊張感を持った関係性を構築する観点から、プロジェクトはなるべく意味のある単位で、できれば3~4カ月をひとつの括りとしてフェーズを区切り、そのつど複数社から見積もりを取ることをお勧めする。

提案書の提出をコンサルティング会社に求めるための書面は、RFPと呼ばれている。ここでは、賢くコンサルタントを起用する上でのRFPが満たすべき要件を示したい。

コンサルティング会社側に、明確なプロジェクトの設計図を提示してもらうために、RFPにはプロジェクトの目的、範囲、期間、推進体制、ワークプランをしっかりと提案書に記してもらうことを明記すべきである。これらは一般的に提案書の形式要件に過ぎないので、必要条件と言えよう。

十分条件は、コンサルタント側が考えるプロジェクト開始前、第ゼロ日時点で想定している重要な論点、すなわち、自社として取るべきアクションを決定する上で「分水嶺」となる争点(choice of action)が整理されていること。それに加えて、その争点に対する答えの仮説、検証するための分析アプローチ、具体的な分析アウトプット例までが記述されていることが望ましい。

こういった項目の提案書への記載を、RFPでしっかりと求めることをお勧めする。

また、プロジェクトを依頼する前に、プロジェクト終了後に何が実現された状態を望んでいるのかを考えるのは起用者側の責任であることは、肝に銘じるべきである。

その意味では、提案書提出に関わるコンサルティング会社とのやり取りの中で、起用者側は先んじてコンサルタントをディスカッションパートナーとして使い、プロジェクトの成功の定義、本当に欲しい具体的成果について、自問自答して考え抜くことをお勧めする。

質問

9

過去のプロジェクトで最長のもの、最大の効果を出したものは何ですか？

「長いプロジェクト」経験が多いか？

「格好良すぎる」コンサルタント

この質問について考える前に、少し脇道に入ってコンサルタントの見栄えについて話をしよう。

コンサルティングは、クライアントに良くなってもらうために存在する業である。しかしながら、第三世代以降のコンサルタントはその出自ゆえ、プライドが高く、エリート意識が強く、「人のため」に働くということよりも、まず自分が「格好良いか」にこだわるコンサルタントが多い。

特に、新卒でコンサルティング会社に入って、純粋培養でずっと内部昇格し、パートナーまで上りつめているような人物にはこの傾向が強い。

ある意味、勉強でも仕事でも、これまでの人生で負けたことが一度もなく、コンサルティング以外の仕事も知らないため、コンサルタントとして周りよりも仕事ができて、早く昇給昇格すること以外に価値を見出さない。クライアントのためではなく、自身の昇給昇格、自己実現のために働いているのである。

別に、外見の良し悪しを取り立てて議論する必要もないかもしれないが、整った容姿、良いスーツ、良い時計、良い靴、うまいプレゼンテーション——というように、全体的に格好良すぎるコンサルタントには注意したい。また、新卒入社でパートナーになりたてだと、最速の場合年齢は30才前半というケースもあるため、若さを隠そうと髭を生やしているコンサルタントも少なくない。これにも注意が必要だ。

人を良くしたいvs自分が格好良くありたい

コンサルティングは形のない職業なので、自身の見た目、話し方、話す内容が商品である。そのため、特に若いうちはこれを早合点して、見栄えだけはとりあえず格好良くしようとする人物がいる。

一方で、仕事を共にするパートナーとして見るべきポイントは、見た目が多少ダサくても、プレゼンテーションが多少つたなくても、泥臭く、地べたを這いつくばってでも、プロジェクトをやりきる姿勢が感じられるかどうか、こちらの方がよほど重要である。

自分の見栄えやプレゼンテーション技法にこだわることを否定はしないが、コンサルタントは黒子に徹するべきであり、そんな暇があれば、むしろクライアント側のチームメンバーやプロジェクトリーダーが社内で格好良く振る舞えるよう、後方支援することに注力すべきである。

自分の格好ばかり気にしているか、クライアントとクライアント企業の成功に貢献しようとしているかは、会話の端々や一挙手一投足を見れば、明らかであろう。

ブレーンストーミングで「手柄」を与えられるか

もうひとつコンサルタントを見る上で重要なポイントは、効果的なブレーンストーミングができるかどうかである。何かのテーマを決めて、コンサルタントにブレーンストーミングを申し込んでみよう。直接的にプロジェクトにならなくてもよい。新規事業の立ち上げでも、M&Aでも、競合調査でも、普段考えているテーマであれば何でもよい。コンサルタントは数枚から数十枚程度の「討議用資料」を持ってきてくれるはずだ。

そのブレーンストーミングをする会議で、いろいろな質問を投げかけてみて、持ってきた討議用資料に書いてある以上のことを、その場で考えてどれくらい言えるかを見てみるといい。

見るべきポイントは、クライアントとブレーンストーミングをして、その場で仮説を進化させることができるかどうかである。

話していても、持ってきた資料以上に議論が深まらない、考えが進化しない、他の業界や過去のプロジェクトの経験に基づく知見の「引き出し」が浅い、従って、持ってきたパワーポイント資料のオウム返しになってしまう。こういうコンサルタントは微妙である。

その場で仮説を進化できないのは、頭の固さ、経験の浅さの証である。そんなコンサルタントに実際のプロジェクトを頼むと、通り一遍の「論理的に正しい答え」から進化せず、社内で納得感がある現実的な提言にならない可能性が高い。

また、コンサルタントとしてより高度な技術は、討議中にコンサルタントが新しい視点を提供し、クライアント自身が新しいアイディアをブレーンストーミング中に自分で発想したように、あたかもクライアント自身が自分で考え付いた、コンサルタントはたまたまそのきっかけを提供した、というかたちでブレーンストーミングの「手柄」をクライアントに持たせてあげるような討議展開ができるかどうかである。

表面的な文化・歴史・教養の知識の豊富さにも要注意

コンサルタントは若いうちから、自分よりもかなり年上の、場合によっては20歳以上も年上のクライアントを相手にすることが仕事上多いため、軽く見られないようにいかにして実年齢以上に「シニア感」を醸し出すかに腐心する。

前述の髭を生やすというのも、その付け焼き刃的な方法の一例であるが、もうひとつ、先輩コンサルタントから言われるのは、仕事以外での「人間的な奥深さ」を出すために、文化・歴史・教養を学びなさい、ということである。

経営者は『三国志』や孫子の兵法、司馬遼太郎などを読んでいるので、君たちも勉強しなさい、というようなことをよく言われる。当然、教養はないよりはあった方がいいので、これを否定するつもりは全くないが、興味も大してないのに、言われたので本を読んでみました的な勉強で、太刀打ちできるテーマではないと認識すべきである。

知性や教養というのは人生経験とともに自然と培われて、内面から醸し出されるものである。それを表面的に勉強してその知識レベルで分かったつもりになって披露している、若くて出世の速いコンサルタントは、痛々しいとしか言いようがない。

付け焼き刃の知識でしたり顔で語ったところで、若いのに背伸びした、説教好きなおにいさんとしかクライアントからは見えない。そんなことを気にする暇があれば、礼儀正しく、クライアントの話をしっかり聞く姿勢を持ち、やわらかい頭で柔軟に意見を変え、ウィットに富んだ会話で切り返し、クライアントとの会話がしっかりと楽しめるスキルを磨いた方がよいのではないだろうか。身の丈のままで、年相応、分相応であればよい。

その意味では、背伸びをして関係ない話をされるよりは、クライアントとしては、きめ細かくコンタクトをとって、プロジェクトの進捗と仮説の進化状況について簡潔にコミュニケーションしてくれた方がよほど価値があるのではないだろうか。不自然に背伸びしているコンサルタントは、中身よりも見かけばかり気にしていて、クライアントに寄り添える人物なのかはなはだ疑問である。

望ましいかたちの長いプロジェクトは?

では、冒頭の質問に戻ろう。長いプロジェクトと言っても、提言を出した後で、人材派遣的に実行フェーズのお手伝いをするようなプロジェクトで期間だけ長いのは、むしろマイナスである。クライアント側も面倒だから惰性で使い続けているに過ぎず、本当の意味で外部にしかできない価値を提供し続けているかどうかは疑問である。

望ましいかたちの長いプロジェクトとは、ひとつのテーマでプロジェクトをやり、その中で新たな戦略課題に突き当たり、それを問題提起して別のテーマのプロジェクトにつながるかたちである。

その過程で、コンサルタントとしてはクライアント企業、クライアント業界を鳥瞰して、戦略課題を体系的に整理し、全社の戦略課題を包括的に社長とディスカッションできるような関係性まで昇華させていくことである。

こういったかたちの長いプロジェクトこそが、真のプライマリーカウンセラーとしてのコンサルタントが構築すべき関係性と言える。

こういった関係性までいくには、問題解決能力だけではなく、全人格的能力が求められる。結局は「人対人」なので、直感的にウマが合い、決まったテーマがなくても相談しようと思えて、また、仕事だけではなくプライベートでも一緒に楽しめそうな間柄になれそうかどうか、というのも重要な見るべきポイントである。

プロジェクト推進上の留意点

プロジェクトの長さについて話を進めてきたので、ここでは実際にコンサルタントを起用してプロジェクトを進める上で、プロジェクトをだらだらと、「惰性」で進めてしまわないための、起用者側の留意点を2つ挙げておきたい。

プロジェクトの成果を定期的に議論

1つ目は、プロジェクトの財務的な成果の目標、非財務的な成果の目標、スケジュール上で鍵となるマイルストーン、チェックポイント、プロジェクト推進上の障害、リスクとその対応策についても定期的にしっかりと議論をすることである。プロジェクトの開始時、あるいは提案時点ではもちろん、プロジェクト期間中に最低でも1カ月に一度、プロジェクトオーナーと担当パートナー、マネージャーとでオープンに話すべきである。

言われれば当たり前かもしれないが、そもそも何のためにこのプロジェクトをやっているのかを、一歩引いた目で鳥瞰して再確認するのである。

プロジェクトが始まってしまうと、若手のコンサルタントはワークプランに書かれた目先の成果物の作成に頭がいきがちで、ともすると大局観を失ってしまう。

また、起用者側にとっては、コンサルティング会社とのプロジェクトは、たくさんある日常業務のひとつに過ぎないため、ある意味コンサルティング会社の「働き具合」を管理する注意度が、プロジェクトの日が経つにつれて、どうしてもなおざりになってしまう傾向がある。

それを避けるための方策である。

財務的な成果の目標は言うまでもないが、非財務的な成果の目標としては例えば、トップマネジメントが一枚岩になる、事実分析を理解し提言に賛成する現場のリーダーが現れる、課題が「見える化」され、従業員の満足度が上がる、次世代のリーダーが育ち始める、といった定性的な目標があってもよい。あくまで財務的な成果が第一であり、非財務的な成果は副次的なものであると認識すべきであるが。

また、プロジェクト推進上の障害、リスクとその対応策については、例えば社内の抵抗勢力への対処の方法、あるいは、提言を実行する上でのＩＴインフラが未整備の段階でいかに迅速にアクションに移すか、組織改編における人事の個別事情など、現実的な課題をしっかりと地に足をつけて議論すべきである。

お互いが規律を持って「スキル移転」を進める

プロジェクト推進上の留意点の２つ目は、プロジェクト中にコンサルティング会社からスキルを移転してもらうことである。

プロジェクト期間中にしっかりと、分析やパイロットプロジェクトを回す方法論をコンサルタントから移植してもらわないと、だらだらと付加価値が低い継続プロジェクトで、延々とコンサルティング会社に長居されてしまうリスクが高まる。

コンサルタント側からすれば、スキルの移転をせずに自分たちの方法論をブラックボックス化し、なくてはならない存在になった方が、長居できる確率は高まる。起用者側の実務メンバーからしても、スキルの移転を受けずに、コンサルティング会社の働きの進捗を管理しているだけの方が、日々楽ができる。

ある意味スキルの移転をしない方が、後ろ向きな意味でお互いにwin-winなのである。従って、しっかりとスキルの移転を完遂し、プロジェクト終了後も着実に自分たちで実行できるためには、お互いに高い規律を持つことが不可欠である。

「スキル移転」の具体例

クライアントであるX社が、コンサルティングY社とのプロジェクトを通じて、起用者側として社内にうまくコンサルティング会社のスキルを移植してもらい、定着させるためのポイントを紹介したい。

図8にある6つの項目が、X社とY社のプロジェクト推進上の「握り」である。このチェック項目をプロジェクト開始前に合意し、プロジェクト中も週次のミーティングにおいてX社とY社の実務チームで討議することで、プロジェクトの「協働体制」を構築する。

1つ目は、「X社のプロジェクトメンバーは、単に進捗管理を行うのではなく、社内を動かす変革推進リーダーとして適切な人材を選定する。分析などの作業を担当する若手と、社内を動か

図8　スキル移転のチェック項目例

1	X社のプロジェクトメンバーは、単に進捗管理を行うのではなく、変革推進リーダーとして適切な人材を選定する。分析などの作業を担当する若手と、社内を動かす管理者クラス混成チームとする
2	X社のプロジェクトメンバーが、特定のモジュールについて責任を持つ状態になっている。X社のプロジェクトメンバーは、担当モジュールに強いオーナーシップを持って取り組み、役員向け報告会では、自身のモジュールについてプレゼンテーションを担当する
3	「クライアント対コンサルタント」の構図にならず、X社のチームメンバー各自が、評論家ではなく変革推進リーダーとしてあるべき態度で、日々のプロジェクトのタスクに従事している
4	X社とコンサルティングY社のプロジェクトリーダーが、週次にミーティングを持ち、常に協働体制を密にするために、解決すべき課題について話し合う。議論された解決策を、週次のミーティングの場で進捗管理する
5	提言施策の内容を、X社のプロジェクトメンバーも十分に理解し、納得した上で現場にコミュニケーションする。納得できない点があれば率直に協議する
6	プロジェクトに参画するメンバーのパフォーマンスについて、X社とY社で壁をつくらずに率直に議論し、必要に応じてチームメンバーの入れ替え、追加も視野に入れる

す管理者クラスの混成チームとする」である。これは、起用者側としてのプロジェクトメンバーの選定についてであるが、基本的には社内の「エース級」の人材を起用することが望ましい。

若手については、コンサルティング会社と同じ環境下で、調査分析作業の方法論を一生懸命吸収しようという気概のある人材を登用することが効果的である。

また、プロジェクト期間中に、組織内の諸々の社内調整をコンサルティング会社に頼むのは、費用対効果を考えるともったいないことである。コンサルティング会社を調査分析作業に没頭させるために、必要な社内資料の収集やインタビューはX社側が用意をすべきである。その観点から、社内に精通し、様々なことをうまく「通せる」管理職クラスが必要である。

また、この管理職クラスは、特にプロジェクトの後半では「変革推進リーダー」として、現状を否定するような大胆な提言を怯《ひる》むことなく、社内に通していける気概を持った人材であることが求められる。その観点から、社内で「この人に言われたら仕方ない」と認知されているような、エース級の人材を登用できることが理想である。

2つ目は、「X社のプロジェクトメンバーが、特定のモジュール(検討項目の1つの単位)について責任を持つ状態になっている。X社のプロジェクトメンバーは、担当モジュールに強いオーナーシップを持って取り組み、役員向け報告会では、自身のモジュールについてプレゼンテーションを担当する」である。

プロジェクト期間中、フィーを支払っているからといって、何でもかんでもコンサルティング会社にやらせてしまっていると、いなくなった後で苦労するのは起用者側であることを肝に銘じるべきであろう。

効果的なスキルの移転方法としては、特定のプロジェクトのモジュールについては、X社側のプロジェクトメンバーが、オーナーシップを持って調査分析作業を進めることができると理想的である。

プロジェクト開始当初は、X社のプロジェクトメンバーは、社内資料収集や社内インタビューの調整などの、情報収集作業の準備が大半であろうが、徐々に調査分析作業にも首を突っ込んで、プロジェクト期間中に自ら手を動かし始めることが望ましい。

単にX社メンバーとコンサルタントが同じ会議に出ているとか、X社メンバーが社内情報を収集して、コンサルタントが分析を行うといった分業体制ではダメで、特定のモジュールについては、X社メンバーがしっかりとアウトプットを出す責任を持った状態になっていることが重要である。

オーナーシップを持つ以上は、役員向け報告会でも、X社メンバーがプレゼンテーションを行うべきである。

3つ目は、「『クライアント対コンサルタント』の構図にならず、X社のチームメンバー各自が、評論家ではなく変革推進リーダーとしてあるべき態度で日々のプロジェクトのタスクに従事している」である。

X社は提言を受ける側で、コンサルティング会社は提言を「納品」する側、という受け止め方のままプロジェクトを続けていると、「業者使い」対「業者」の関係でプロジェクトが終わってしまう。

プロジェクトにおいて、クライアントとコンサルタント両方が不幸なのは、コンサルタントは業者扱いされ、ただただいろいろな調査や作業を言われるがままにやらされるケースだ。

クライアント側には、誰も会社を本当に変革していこうという肚を持った人が存在せず、提言が出されてもその評論に終始し、いざ実行上の困難にぶつかると、すぐにコンサルタントの提言が悪い、絵に描いた餅だ、と言って片付けてしまう。結果的に提言は棚上げになる。

こうなると、プロジェクトは単なる金の無駄遣いにしかならないが、結構そういうプロジェクトは世の中で少なくないのかもしれない。言うまでもないが、会社を変えることができるのは、コンサルタントではなくX社の経営層とプロジェクトメンバー自身である。X社側のプロジェクトメンバーが当事者意識を持ってプロジェクトに臨まないことには、何も始まらないのである。

4つ目は、「X社とコンサルティングY社のプロジェクトリーダーが、週次にミーティングを持ち、常に協働体制を密にするために、解決すべき課題について話し合う。議論された解決策を、週次のミーティングの場で進捗管理する」である。

これは、お互いのプロジェクトリーダー同士がオープンに、腹を割って、どうすればさらに緊密な協働体制でプロジェクトを進めることができるか、どうすればうまく社内に変革の波を引き起こすことができるか、建設的にフィードバックし合うということである。リーダー同士がお互いをリスペクトし合えるような人間関係をいかに構築できるか、が鍵となる。

5つ目は、「提言施策の内容を、X社のプロジェクトメンバーも十分に理解し、納得した上で現場にコミュニケーションする。納得できない点があれば率直に協議する」である。これがまさに、ここまで述べてきた変革推進リーダーとしてX社メンバーが社内の摩擦を恐れずに、不退転の決意で提言の実行を進めていく局面で求められる姿勢である。

6つ目は、「プロジェクトに参画するメンバーのパフォーマンスについて、壁をつくらずに率直に議論し、必要に応じてチームメンバーの入れ替え、追加も視野に入れる」である。

調査分析スキルを移植してもらうにあたってのX社の若手メンバーの学習能力が不足していたり、管理職クラスの社内調整力や変革推進リーダーとしての資質が不十分な場合、あるいはコンサルティングY社の担当コンサルタントの能力、生産性に問題がある場合がこれにあたる。

いずれの場合においても、時間と金をかけるプロジェクトの価値を最大化するためには、お互いに遠慮せずに言い合えた方がよい。X社側も、価値を最大化させるためには、コンサルタントにフィードバックするだけではなく、コンサルタント側から率直なフィードバックを得ることも躊躇すべきではない。

結果を出せるコンサルタントを見抜く質問

自分の格好良さばかり考えている人物か、クライアントを良くしようと考えている人物かを判別するには、次の質問をしてみよう。「あなたの過去のプロジェクトで最長のもの、最大の効果を出したものは?」。これはパートナーかマネージャーとしてリードしたプロジェクトについて聞くべきで、若手の時期にプロジェクトの人繰り上、長くひとつのケースに入っているのは意味がない。

自分の見栄えばかり考えているコンサルタントの場合、あまり長くクライアントと関係が続かない短期プロジェクトの経験が多いはずである。

ひとつのプロジェクトの経験が長すぎると、知的な鍛錬の累積経験が不足するというデメリットもあるので、そこはうまく判断しなければならないが、プロジェクトの期間、何回継続プロジェクトの契約をとったかはひとつの判断材料にはなる。

質問

10

今回のプロジェクトにあなた（パートナー）自身は、どれだけの時間を使ってもらえますか？

「パートナー」がしっかりと時間を使うか？

パートナーの時間の使い方は千差万別

コンサルティング会社のパートナーは、時期によって繁忙の差はあるものの、常時少なくても2～3社とのプロジェクト、多い場合5～6社とのプロジェクトを回しているのが一般的である。この社数は、自分自身が中心的役割を果たしてプロジェクトを売り、実際の提言の策定にも深く関与しているものである。

これに加えて、特定分野の専門家として他のパートナーがリードしているプロジェクトに「ちょい役」として関わるプロジェクトもいくつかある。

また、実際に走っているプロジェクト以外にも、新規クライアントの数件の提案書作成、各種の営業活動、講演会の準備と実施、書籍や業界雑誌等への寄稿記事の執筆、コンサルティング会社の社内のクライアントワーク以外の仕事、例えば採用面接、社内のトレーニング、パートナーが集まっての週次の営業会議、プロジェクト終了後のマネージャー、ジュニアコンサルタントの人事評価、人材育成のための日常のコーチングなどにも時間を使う。プロジェクト以外の業務にも相応の時間をかける必要があるため、すべての業務に全力投球してしまうと、すぐに労働時間的に破綻してしまう。

従って、うまくいっているプロジェクトや、コンサルタントの立場から見て相対的に難易度が低いプロジェクトには、かける時間を最小化してマネージャーに丸投げしてしまおうという力が、どうしても働いてしまう。

「コピペ型」のプロジェクトも存在する

コンサルティングプロジェクトの中には、総額数億円のフィーのプロジェクトなのに、他社でやった過去の仕事と比較的似た作業の繰り返しで提供できる「コピー・アンド・ペースト（コピペ）」タイプの仕事もある。

中には、ほぼ同じ報告書を別のクライアントに出すため、パワーポイントの文字検索機能を使って、他のクライアントの社名が間違って残ったままになっていないかを最終チェックして、報告書を出すようなプロジェクトも実在する（他社名が画像ファイルに残ってしまっていると、検索から漏れてしまい、誤って流出することもあったりする）。

コスト削減系のプロジェクトはその傾向があり、パターン化がしやすいため「プロダクト・アウト」的に提供できるものも少なくない。これは起用者が油断しているとパートナーが「手を抜く」類いのプロジェクトの典型である。プロジェクトが決まる前の営業のときだけ一生懸命来て、実際にプロジェクトが始まるとあまり時間を使わないのである。

パートナーがうまく省力化できるプロジェクトの場合、週一度のクライアントとの定例ミーティングへの出席と、週一度のコンサルティング会社内での内部ミーティングだけ、合わせて週数時間のパートナーの稼働で、プロジェクトがうまく回ってしまうのである。

それでもマネージャーとジュニアコンサルタントがしっかりしていて、きちんと財務的成果が出ていれば問題はないのかもしれないが、なかなかそう都合の良い話はない。クライアントごとに特有の課題や、組織の癖を理解した上でプロジェクトをテーラーメードしないと、結果が出るプロジェクトにはなり得ないのである。

経験がモノを言う職業

コンサルタントのスキルは定石のパターン認識と累積経験で磨かれるため、長い年月コンサルタントとして働き続けているパートナーが、一番高い問題解決能力を持つことは言うまでもない。

コンサルティング業界が大衆化してしまった今日であっても、コンサルティング会社内では、パートナーとその他のポジションとでは、歴然としたスキルの壁があり、パートナーになった人とそうでない人との間には、顕著な能力差があるのは事実であろう。

パートナーの時間をいかにして使ってもらうか？

こういった事情を踏まえると、起用者の立場としては、プロジェクトに支払うフィーに見合った価値を最大限に享受するためには、いかにしてパートナー自身に、頭と時間を使ってもらい、知恵を最大限に「出し尽くして」もらうかが重要となる。

コンサルティング会社の若手労働力では代替できない知見、クライアントの社内では出てこない知恵を、パートナーとの討議からいかにして引っ張り出してくるか、が鍵となる。

パートナーの時間を最大限に使ってもらうために有効な方法が2つある。

1つ目はベタな方法であるが、提案段階で営業に来ているパートナーに、プロジェクト開始後は週何時間うちのプロジェクトに費やすかについて、コミットを求め、それが実行されているかどうかをプロジェクト期間中に起用者としてしっかりモニタリングすることである。

2週間に一度、「CEO＋α」と「パートナー＋α」で戦略討議

2つ目は、プロジェクトとはむしろ直接関係のない内容を含んだ、包括的なテーマでの戦略討議を依頼することである。これもできればプロジェクトが始まる前に約束してもらった方がよい。

例えば、トップラインの成長戦略、コスト削減、オペレーション改革、営業生産性向上、資本政策、海外展開、デジタリゼーション、M&A、業界再編、業態転換、次世代経営幹部養成などまで拡げて考えた、複数年かけて行う企業の大変革についての討議を、2週間に一度、CEO＋αのメンバーとコンサルティング会社のパートナー＋αのメンバーで実施するのである。

こういう討議は、コンサルタント自身も知的好奇心が満たせるため、どんなに忙しくても喜んで受けることが多い。また、真のCEOカウンセラーたることを実感できる仕事なので、コンサルタント冥利に尽きる仕事とも言える。逆に、そう思えないコンサルタントの場合、その時点でアウト、資質としてコンサルタント失格である。

また、折角、外資系のコンサルティング会社を起用するわけなので、そのパートナー個

人のスキルや経験だけではなく、海外オフィスを含む様々なパートナーの知恵も目一杯活用できるとベストである。

従って、担当パートナーが自分だけでは対応しきれず、他のパートナーの力を借りる必要に迫られるようなテーマ設定で、議論を依頼するのがよい。そのコンサルティング会社のベストかつ最新の知見を世界中から集め、総動員してもらうことで、起用者としてかけたコストの効果を最大限に享受するのである。

結果を出せるコンサルタントを見抜く質問

従って、結果を出せるコンサルタントを見抜くには「今回お願いするプロジェクトにあなた（パートナー）自身は、どれくらいの時間を使ってもらえますか？　プロジェクトのテーマとは離れた包括的な経営課題の討議にも時間を使ってもらえますか？」と尋ねてみよう。

さすがに営業段階でこの質問をしても、当然皆、前向きな答えを前のめりで返してくるであろうが、**しっかりとパートナーが使う時間のコミットをとりつけよう。**

大事なのは、プロジェクト開始後に、コミットしてくれたことを実際にどの程度やってくれているかを、しっかりとモニタリングすることである。

HOW TO DISTINGUISH CEO'S PRIMARY COUNSELOR

コンサルティング業界の内憂外患

1

成功する人、失敗する人

求められる4つの資質

どの職業でも向いている人、向いていない人がいるが、コンサルタントの適性があるのはどういった人だろうか？　私は4つの資質が重要であると考えている。

コンサルティングの「スキル」は後学可能と述べたが、「資質」はスキルとは違い、大人になればある程度固まってしまっているであろう。

以下で述べる4つについては、コンサルタントとしてのキャリアを始める早い段階から備わっていないと、かなり辛い職業選択になってしまうリスクがあるので注意が必要である。

1つ目は、苦しい労働環境を楽しめるマゾヒストであること、2つ目は、自分が大好きなナルシストであること、3つ目は、知的好奇心が強く常に新しいことを知りたがること、4つ目は、世の中を常に客観視し、斜めから見ている天邪鬼《あまのじゃく》な性格であること――である。

①マゾヒスト的な資質

1つ目の「苦しい労働環境を楽しめるマゾヒストである」については、コンサルタントは特に20代から30代前半の若いうちは、何だかんだ言っても長時間労働を余儀なくされてしまう。

なぜ若手コンサルタントが長時間労働になってしまうのか？　それは時間をかければ大概のことは解決してしまうからである。時間がかかっても、地道な努力の積み重ねで、結果が認められる類いの仕事が多いからである。

例えば投資ファンドのような業界だと、実力はもちろん必要だが、案件がないことには実力を発揮しようもないし、徹夜したからといって案件が出てくるわけでもない。案件の有無は、世の中のトレンドや経済状況などにも大きく左右されるであろう。

長時間働けば何とかなる若手コンサルタントの仕事

それと比較して、コンサルティング、特に若手コンサルタントの仕事について言えば、主な仕事は調査と分析であるため、初めは技術がつたなく方法論も見えず、時間がかかってしまう。しかし、時間がかかりながらも一生懸命シニアのインプットに従って愚直にやっていれば、ある程度のクオリティの成果物が最終的には出来上がる。これがコンサルティングの、特に若い頃の仕事の特徴である。

時間をかければ結果を出しやすい、徹夜をするのとしないのとでは結果が変わってしまう。だから努力をすると長時間労働になってしまうのである。

言い方が適切ではないかもしれないが、能力や経験の不足を、長い労働時間と周りのインプットをうまく吸収する力でカバーできるのである。

累積経験を自身の引き出しにして、同じ仕事を、次回は短時間でできることは当然求められるが、ジュニアの頃はある程度周りも、そのあたりの学習に要する時間を考慮して仕事を与えてくれるものである。

余談ではあるが、(私も含め?)コンサルタントは筋トレ好きの人が多い。やるのは辛いが、コツコツと努力した結果が、比較的短期間で数字として目に見え、分かりやすい成果が積み上がっていくことに、喜びを感じることができるのがコンサルティングの仕事と似ているからであろう。

「頭が切れる」よりも「素直で愚直」が重宝がられる

逆の言い方をすれば、若い頃はどんなに頭が切れても、愚直にシニアのインプットに従ってアウトプットし、過酷な労働環境に耐えられないと、実はあまり重宝されなかったりする。

どの業界でもあるだろうが、「賢いが生意気で使いにくい奴」というレッテルが張られ、煙たがられてしまうのである。そうすると、本人はあまり報われないが、地頭が良く物事の理解力は高いので「なんだ、コンサルタントの仕事って所詮こんなもんか！」と言って、馬鹿らしくなって辞めてしまうケースも少なくない。

本当に地頭が良く、その一方で過酷な労働環境で努力することに慣れていない人にとっては、コンサルティング業界は、早々に見切りをつけて辞めてしまう業界なのかもしれない。愚直に努力し、這いつくばってやる人の方が、結果的に長く生き残っているようである。

②ナルシスト的な資質

2つ目の「自分が大好きなナルシストである」について。コンサルタントは、形のない提言を売る商売なので、プレゼンテーションやトップとの対話の局面で、自身の立ち居振る舞いをどう演出するか、というのはとても重要なテーマである。

同じことを言っても、言う人の年格好、身なり、声のトーン、喋るスピード、語り口、対話の中で打ち返すタイミングなどによって、説得力は格段に違ってしまう。質問10で、やたらと格好だけ良いコンサルタントには注意が必要と述べたが、一方で事実として、自分を格好良く見せるスキルは不可欠なのである。

一挙手一投足が商品

コンサルタントは、こういった自分自身を「商品」としてプレゼンテーションする技術を磨くことが大好きな人が多い。

自分自身をどう見せるかということの重要性は認識しているので、トップ向けプレゼンテーションのリハーサルなどは綿密に行う。自分の演劇発表会の準備を怠らず、その準備がまた楽しくて仕方がないのである。

カラオケ好きが多い？

またまた余談ではあるが、（私も含め？）長くコンサルタントをやっている人は、かなりカラオケ好きな人が多い。これは本当に本当である。しかも、自分が歌う順番、歌っている時間以外のことには全く興味がない。ナルシスティックに自分に酔いしれるために歌っているのである。自分自身を演出することが好きであることを物語るひとつの事象であろう。

③強い知的好奇心

3つ目の「知的好奇心が強く常に新しいことを知りたがる」であるが、これがコンサルタントという職業柄、最も重要な資質だと思う。

特に若いうちは、数カ月に一度、クライアントの業種も、コンサルティングのテーマも、社内のプロジェクトチームの上司も部下も、クライアント側のチームメンバーも、そのプロジェクトの成功の定義も、言わば何もかもすべてが違ってしまうからである。

同じことを繰り返すルーティンワークにすぐに飽きてしまう人、自分がかつて経験したことのない新しい領域に常に飛び込んでいないと面白くない人にとっては、コンサルティングの仕事は知的好奇心が満たされる、たまらなく楽しい仕事だと思う。逆に、自分が知らない領域に首を突っ込むのが苦痛なタイプだと、辛い職業でしかないであろう。

例えば、知らない業界の知らない情報が出ているビジネス誌や業界雑誌を読んで、純粋に楽しいと思えるかどうかは、適性を見極める上で重要なポイントである。

若手コンサルタントの調査仕事は、知らないことを咀嚼して吸収することの繰り返しであり、これを楽しめないと何をやっていても達成感を得られないであろう。

④天邪鬼な性格

4つ目の「世の中を常に客観視し、斜めから見ている天邪鬼な性格」であるが、コンサルタントの価値は、クライアントの事業に対して、主観的な思い込みからではなく、客観的な立ち位置から、門外漢にしかできない物の見方で、新鮮な示唆を提供することである。

これは起業家とは言わば真逆の資質であり、起業家は自身の事業を、特に黎明期は、根拠は薄くても強い意志を持って、とにかく成功を信じてやるしかない。これが重要な資質である。

一方でコンサルタントは、根拠もなくクライアント企業に深い思い入れを、持ってしまっては、価値のある提言は出せない。冷徹な視点が価値の源泉なのである。従って、何かを言われたときに、疑問を持たずに素直に受け入れるような性格の人には向かない仕事である。

「斜め45度」が鍵

若手コンサルタントのうちは、クライアント企業の現場の事実と情報を浴びながら、実態を知り、クライアント企業の経営トップが口にしていることを「斜め45度下」から見て「現場の実態はそうじゃない！」と心の中で叫び、アウトプットとして体現できる人が向いている。

パートナーになってからは、クライアント業界の構造変化や歴史的背景、競合他社の状況も踏まえ「斜め45度上」から、良い意味で（？）「上から目線」で斜に構えて物を見ることができる人、また、その立ち位置にいる自分が好きな人に向いている職業である。

若手コンサルタントのプライドの拠り所は、「ここまで深く現場に突っ込んで、生のデータを見て、生の声を聞けたのは自分だけ。現場はこう思っているが経営は分かっていない」と客観的に言えるくらいに、現場の実態を突き詰めて理解していること。それをクライアントの経営に突きつけることの快感で、日々のハードワークは報われるのである。

パートナーになると、「世の中では皆こういうふうに言っているが、実際はこういうことになっている、こういった背景がある」というユニークな物の見方をクライアントに突きつけて問うことが、仕事の醍醐味である。

何か広く一般的に言われていることに対して、まずは「そんなはずはない」と考える天邪鬼な性格や、疑ってかかる姿勢が、論理的思考力以前の重要な資質として求められるのである。

2

業界に長居しすぎると
事業会社に受け入れられず？

ほとんどの人にとってキャリアの「通過点」

コンサルティング会社の卒業生の典型的なキャリアパスはどうなっているのだろうか？ほとんどの人にとってコンサルティング業界に籍を置いている期間は2～3年、長くても5年程度なので、次のキャリアを見据えることは不可欠と言えよう。

コンサル出身者はマネージャーか、それよりもジュニアなポジションでの転職がほとんどであるが、各ポジションに応じて相応の機会を得られている。

例えば、マネージャーまで務めて30歳中盤から後半で辞めれば、大～中堅規模の事業会社の部長～課長クラス、中小～ベンチャー企業の役員～部長クラスなど、相応の待遇で転職先をしっかり見つけることができているようである。20代後半のコンサルタントクラスで辞めても、それよりも少しジュニアなポジションで転職できている。

コンサル出身者は厳しい労働環境で論理的思考力と胆力が鍛えられていることは、事業会社側も一定の評価をしており、同年代の自社のプロパー社員と比較しても、若いのにしっかりしていて、よく働く人材として重宝がられているケースが多いと聞く。

事業会社は狭き門

コンサルティング会社の卒業生で問題なのは、パートナー経験者である。欧米とは異なり、日本の労働市場におけるコンサルティング会社出身者、特にパートナーまで務めたシニア層の転職事情は、残念ながら恵まれたものとは言い難い。

プロフェッショナル経営者の労働市場がすでに形成され、ＣＥＯや各部門の役員クラスが外部招聘されることが一般的な欧米では、コンサルティング会社出身のシニア層もその候補者として重宝されている。

しかしながら、日本企業が外部から社長なり役員なりを採用する例は、近年増加傾向にはあるものの、コンサルティング業界の卒業生の数と比較すると、需要は圧倒的に少ない。特に、昨今のコンサルティング業界の大衆化、規模の拡大に伴い、パートナーの人数も増えているため、この傾向は一層顕著であると言わざるを得ない。

日本でも、パートナーと言われる人材は、戦略系コンサルティング会社の各社合わせて１００人は超え、ＩＴ系、会計系のコンサルティング会社を含めると数百人規模になるであろう。

入っても馴染めない例も

外資系コンサルティング会社でパートナーまで務めてから、日本の事業会社の役員として受け入れられるケースは少ない。また、受け入れられたとしても、パートナーとしてコンサルティング会社で働いていると、時間の自由度が高く、働き方が自分次第という面もあるので、事業会社の水に合わなかったり、周りに溶け込めなかったり、いろいろな失敗例も聞く。事業会社側が持て余してしまうケースもある。

一生涯コンサルタントが最善の選択肢?

こういった背景から、日本ではコンサルティング会社のパートナー経験者は、競合の他のコンサルティング会社に移るか、独立するか——が主な選択肢である。

業界の先輩を見ていると、とてもハッピーにフリーランスや大学の客員教授等をされながら、組織に所属するストレスもなく、日々充実していて、しかも稼ぎまくっている方もいれば、生涯現役コンサルタントとして業界を渡り歩き、はつらつとしている方もおられる。

一方で、コンサルティング会社時代にはパートナーの中でもかなり偉くなったのに、その後はいまひとつ鳴かず飛ばずの方もいたりする。さすがに食い扶持を失うようなケースは見たことがないが……。結局、コンサルティング業界に長居してしまうと、メンタリティが自由人的になってしまうので、事業会社に転ずるのは、そもそも適性が違っているのかもしれない。

3

入社試験は数字感覚とケーススタディ

ペーパー試験と面接

コンサルティング会社の入社試験は大きく2段階ある。第1段階はペーパー試験である。各社によって詳細は異なるが、GMATやIQ（知能指数）テストに代表されるような地頭の良さ、処理能力の速さを見る試験である。

これは、コンサルティング業務の駆動力とも言える、事実収集、調査、分析スキルを学ぶのに十分な地頭を持っているか、閾値《いきち》を超えるレベルかを確認するのが目的である。

第2段階は面接試験である。面接では事業会社同様に、そもそもスムーズに会話ができるコミュニケーション能力を備えているか、これまでの人生で成し得たことや発揮したリーダーシップは何か等々、広く世の中の採用面接で聞かれることは当然に問われる。

必ず面接で問われる2種類の問題

それに加えて、コンサルティング会社ならではの、必ず面接で問われる2種類の問題がある。数字感覚のテストとケーススタディである。

1つ目の数字感覚については、前述した日本のガソリンスタンドの数の問題や、あるスキー場のリフトが入場客をさばくために必要な運行速度など、普通は知識としては知らない数字を、常識的に知っている数字を使い、四則演算を駆使して理屈を組み立てて推定させるテストである。

これは、実際にコンサルタントとして仕事をする上で不可欠なスキルなので、相当慎重に見る。数字感覚がない人材を若手コンサルタントとして採用してしまうと、私の過去の経験上も、教育に多大な時間を要する。あるいは時間をかけても教育しきれないケースもある。

要は物事の大きさが、1の話なのか10の話なのか１００の話なのかを見極める感覚がないと、分析方法をデザインする以前の段階で壁にぶち当たってしまい、採用された本人も相当な苦労を余儀なくされる。

ケーススタディはフレームワーク

2つ目のケーススタディは、お題は何でもよいのであるが、「ある業界において業界内で売上第A位のB社が、3年後までに利益を3倍にするにはどうすべきか、あなたならどう考えますか？」といった類の問題である。

正解を問うているというよりは、適切なフレームワークを用いて考えを整理し、順序立てて仮説を組み立てることができるかどうか、面接の時間内に「私はこう思う」という具体的なアクションの提言を、仮説ベースで構わないので出せるかどうかを見ている。

人によって極端な例としては、精緻に考えすぎて時間内に答えにたどり着かないことや、逆に整理もせずに何の脈絡もなく「M＆Aをすべきです」とか「海外に出るべきです」と言い放ち、以降思考停止に陥ってしまうこともある。

フレームワークは、一番簡単には利益＝売上－コスト、文脈によってはマーケティングの4P、戦略の3C、ポーターの5F。文脈に合っていれば5W1H＋エコノミクスなどで順序立てて考えればよい。

4

社内での人事評価と昇格

「定性評価」にならざるを得ない

コンサルタント（マネージャー以下）の人事評価は、それぞれのプロジェクトが終わり次第、逐一行われる。

パートナーについては売上など定量評価をしやすい面もあるが、マネージャー以下の職位については、プロジェクトの実行のみに責任を担っているため、結局のところ定性評価にならざるを得ない。

3つの評価項目

定性評価を極力高い精度で行うために、コンサルティング会社は様々な工夫を凝らしている。

各社によって詳細は異なるが、評価基準としては、

①調査力、分析力、論理的思考力を活かして示唆を導き出す力
②提言をクライアントに「書類と喋り」でうまくコミュニケーションする力
③プロジェクト運営を円滑に行い、チームの若手をモチベートし、プロジェクトを通じ

て成長を実感できるような環境をつくりつつ、クライアントも満足させることができるチームマネジメントの力

大きくはこの3つである。

それぞれについて数個から10個弱の項目、全部で30個弱の詳細項目にわたって、コンサルタントの年次、場合によっては半年単位で、求められるレベルが詳述されたスキルマトリックスが存在する。

これを使ってプロジェクト単位で精緻に評価がなされ、それが半年分積み上がって、年に2回の人事考課会議でパートナーが集まって丸一日かけて議論がなされる。

精緻に評価しているとは言っても、所詮は人が人を評価するものである。実際、上司と部下の相性、プロジェクトやクライアントの難易度、評価者の厳しさなどによって、評価がぶれてしまう面は否めない。

社内を飛び交う噂

パートナー、マネージャーにとっては、実力のあるコンサルタントを自分のチームに呼び込むことが、プロジェクトを成功させる上で死活問題である。そのため、個々のコンサ

ルタントのプロジェクトでの実力のほどは、マネージャー間の情報交換であっという間に広まってしまう。

傾向として過去のプロジェクトでのプラス評価は、噂が噂を呼び、場合によっては実際以上にプラスに相乗効果が働いたかたちで伝わり、逆に、あるプロジェクトでのマイナス評価は、マイナスの噂に負の相乗効果がかかったかたちで、水面下で広く知れ渡ってしまう傾向にある。

プラスにもマイナスにも評価の噂が極端に振れてしまうため、機会の不平等が発生してしまう例もある。すなわち、マイナス評価になったコンサルタントには社内人材市場で仕事が来なくなり、挽回のチャンスが減ってしまうのである。その一方で、プラス評価のコンサルタントには、次々と成長機会が与えられ、実際に成長できてしまう確率が高まる。

しかしながら、私の経験上、トップファームの場合は結局2～3年経てば残るべき人が残り去るべき人が去るように感じるのでよいと思うが、それまでの間には不必要に冷や飯を食うコンサルタントがいるのも事実である。

社内での昇進昇格ステップ

コンサルティング会社では、各社によって呼称は異なるが、大学を卒業して新卒で入るとアナリスト、コンサルタント、マネージャー、パートナーという順に昇格していく。また、各ポジションの前後に中間ポジション的な呼称の役職（例：シニアコンサルタント）を設けて、2～3年に一度昇格するようにポジションが設計されている。新卒で入社すると、最速で10年ちょっとでパートナーに昇格する人事制度になっている。

短期的に見れば、上述のように他のプロジェクトでのパフォーマンスの良し悪しで、噂が噂を呼び、機会の不平等をもたらす例もないことはないが、何年か経ってみると、残るべき人が残り、昇格すべき人が昇格するような例が多い。

コンサルティング会社内の社内政治

コンサルティング会社の人事評価は定性的なものが多く、所詮人が人を評価するため、好き嫌いや運不運、どの上司と近しいか、どの業種のプラクティスに属しているか、などの要素が昇進速度を左右することもゼロではない。

一方で、私の経験上、パートナーの手前までは、そういう差異がプロモーションに及ぼす影響は、せいぜい昇格が1〜2年遅れるくらいしかないのでは、と思う。その意味では、自分自身の努力が積み重なって、結果的に報われることが多い業界なのかもしれない。

一部の業種の日本企業のように、第一選抜で昇格しないと役員になれなかったり、40歳くらいまでには誰が役員になれるかがだいたい決まっていたり、社内政治における立ち位置次第で出世できるかどうかの結果が異なってしまったり——そういう事例は、コンサルティング会社においてはほとんどないのかもしれない。

コンサルティング会社には、社内政治として、事業会社ほど壮絶なものは存在しない。一般的に言えばそういうことに疎い人物の集まりと言える。パートナーに昇格する際と、実際に昇格した後では、多少は話が異なるであろうが、それでも事業会社のそれと比較すればドロドロしたことは少ないと言えよう。

5

若手を育てるコーチング方法

先進的なコーチング方法

第二世代までのコンサルティング業界では、「しばき倒す」カルチャーが横行していたことは前述の通りだが、昨今では、コンサルティング会社で部下を育てるコーチング方法の発展には目覚ましいものがある。

基本的には、欧米企業のスタンダードがコンサルティング業界にも適用されているということであろうが、それがようやく日本のコンサルティング会社にも持ち込まれ始め、日本人にとって意味のあるかたちで方法論が現地化され始めている。

その点では、日本の事業会社よりも外資系コンサルティング会社の日本支社の方が、コーチングにおいては先進的なのかもしれない。

コーチングは、コミュニケーションの技術として捉えるべきであろう。部下の能力をいかにして引き出し、最大限に活用すべきか。

しばき倒すよりもお互いにモチベーションを高くし、前向きに、明るく元気に気持ちよく一緒に働けた方が、トータルの生産性は最大化されるに決まっている。

しばき倒すという手法は、要は作業員として扱うということであり、自分の力を過信している上司がやることと言わざるを得ない。能力が多少基準を満たしていない部下だとしても、気持ちよく働いてもらった方が、チーム全体のパフォーマンスは最大化されると考えるべきであろう。

20代の若手がコンサルティング会社の駆動力

コンサルティング会社では、提言を導き出す背景となる、事実収集、調査分析は主に20代の若手が担っている。彼らが車の駆動力のような位置づけなのである。従って、彼らに気持ちよく、実力を最大限に発揮してもらうことなしに、チームのパフォーマンスを最大化することはできない。

それを理解しているコンサルティング会社のグローバルの経営者たちは、コーチング手法をいまの20代に合わせたかたちで進化させることに相当の労力をつぎ込み、腐心している。

「我々とは世代が違う、ジェネレーションギャップだ！」と言い放ってしまっては、チームの力は出てこない。駆動力がうまく機能しなければ、コンサルティング会社として危機的な状況になってしまうのである。

世代の違いを、経営側がしっかりと理解して、若手に気持ちよく働いてもらうことなしに、コンサルティング会社の持続的な成長はあり得ないのである。

コーチングの基本的なコツとしては、ミーティングでは8割の時間は褒めて元気づけて、2割の時間で前向きな表現で建設的にフィードバックを行う。なるべく質問をして、誘導して自身の成長機会を気付かせる。公衆の面前では褒めて、建設的なフィードバックは閉じた場所で、一対一で行う——などが挙げられる。

こういった基本的な方法論に加え、コンサルティング会社で、20代の若手コンサルタントをコーチングする上での成功要件として社内でまことしやかに言われ、マネージャー、パートナーの教育に使われているエッセンスをいくつか紹介したい。これらは実際、正式なコーチングの教育プログラムにも織り込まれ始めている。

①仕事の背景を丁寧に説明する、②こまめに成長機会を与えてフィードバックする、③個人的につながる、④「昇給昇格」だけでになくプライベートを尊重する——の4つである。

①仕事の背景を丁寧に説明する

現在20代の彼ら（彼女ら）に仕事を頼むときには、上司はただ作業として仕事を振るのではなく、その仕事の背景や、なぜやらなければいけないのか、その作業をやることで、どういった価値がクライアントに提供できるのか、仕事の重要性を丁寧に説明することが大事である。

彼らの疑問を切り捨ててはいけない。また、仕事の説明をする過程で、彼らの意見に対して聴く耳を持つことも怠ってはならない。彼らの仕事の成果である調査分析がいかにクライアントの社長にとって意味があるのか、プロジェクト全体の提言の中でどれくらい決定的な要素となっているのか。その重要性をしっかりと解説すべきなのである。

②こまめに成長機会を与えてフィードバックする

彼らは決して怠惰なのではない。しっかりとチャレンジと成長の機会を与えることで成長し、自分自身の仕事が価値を提供できていると信じているときに、特に実力を発揮する傾向が強い。

その一方で、彼らは年配者から見ると、とても飽きっぽいように見える場合が多いので、上司としては常にこまめに新しい成長機会を与え続けなければならないと認識すべきである。

また、彼らの仕事のパフォーマンスに対しては、頻繁にフィードバックすることが重要である。そうすると彼らはとても喜ぶ。

上司の世代から見ると、彼らの仕事のやり方は時には異質に見えるかもしれない。スマホ世代の彼らは、いろいろな仕事の並列同時処理を難なくこなし、またチームで意思決定をすることを好むといった特徴がある。

実は、彼らにもドライな面があり、かいた汗や労働時間で評価されるのではなく、自身の能力、成果物の出来で判断されると、結果がどうであれ、納得感を持って受け入れる。

③個人的につながる

彼らは会社や組織にロイヤルティを持つことはまずないと考えるべきであろう。しかしながら、「人対人」ではロイヤルティを強く感じる傾向がある。

会社の組織人として、上司対部下の関係だけではなく、個人として彼らの成長にコミットする姿勢を示すと、強い結束が生まれ、円滑に仕事を進めることができる。

一方で、彼らは上っ面だけの褒め言葉と、心の底から思っている言葉とを、鋭い感性で見分ける。月並みな褒め言葉はかぎ分けてしまい、それに対しては「自分はどうせ組織の底辺の歯車だ」と思ってしまうため、表面的なお世辞はかえって逆効果であり、注意が必要である。

彼らは成長意欲が強いため、自分の上司の仕事ぶりがお手本になりうるのか、反面教師とすべき対象なのか、相当注意深く日々の上司の行動を見ていることも理解しておくべきである。

また、個人的な信頼という意味では、徒弟制度の考え方も重要である。コンサルティング会社の経営側としては、どんなに形式知化された教育体系が整備、充実したとしても、暗黙知は残るわけで、そこは徒弟的な人間関係の中で自身の背中を見せて、学んでもらうべきことはどうしても存在し続けてしまう。

従って、人対人のロイヤルティを構築することは重要で、その関係性の中で、会社を離れたキャリア全体のプランの相談にのる、会社の枠を超えて味方になってあげる、将来の成功にコミットする――といった姿勢を見せるべきなのである。

彼らのプライベートの話に興味を持ち、趣味や家族や週末の過ごし方、いま関心を持っていることなどをざっくばらんに話せる関係になることが、人対人のロイヤルティを構築する上で効果的である。

④「昇給昇格」だけではなくプライベートを尊重する

彼らは仕事における自己実現と同時に、ボランティアやNPO活動など、仕事とは別の社会的な接点を持ち、そこでも自分自身の存在価値が示せていることに、大きな生き甲斐を感じる傾向にある。

そのため、一生懸命仕事をすると昇給や昇格が早くなるというだけで、すべてを犠牲にして24時間365日仕事に没頭するということはない。仕事だけでは彼らは満たされないのである。

従って、プライベートの時間を犠牲にすることを強制せず、勤務時間や勤務場所にも柔軟性を持たせてあげることで、仕事のパフォーマンスは格段に高まる傾向にある。

6

コンサルタントとリベラルアーツ

コンサルタントは上司から、文化的素養を身に付けるように指導されるというのは前述の通りだが、コンサルタントにとって、コンサルティングと直接関係のない学問を学ぶことの価値は「無駄の効用」に尽きるであろう。それ自体を話のタネにして経営者と話すことなどは、期待すべきではない。

個々人の「思考の癖」を特徴づけるのは、過去に何を見てどう感じ、何を学び、どういった苦労を重ねたかで決まる。

後で振り返ると、私個人としては大学で理論物理学をかじった経験が、実はコンサルティングに非常に役に立っていた。大学では理学部物理学科で超電導理論を専攻し、大学院では工学部で情報工学を専攻していたが、理学と工学で決定的に異なるのは、「分かった」と定義するハードルの高さである。

工学では、理論や数式を実社会の事象に「適用」して、意味のある答えを出すことが重要である。うまく使えれば、それは分かったことと定義して構わない。私の場合、大学院では音波の波動方程式を数値計算する解析手法の研究をしていた。まさに「使う技術」である。

一方、理学における「分かる」の定義は、大昔にその理論を導き出した物理学者が解いた数式の展開ステップを、一行一行計算根拠も含めて追体験して、完全にその物理学者がたどり着いた、最後のシンプルな数式まで至る論理展開を、同じように自力で再現できることが求められる。それができて初めて「分かった」と認めてもらえるのである。

そういった訓練を大学のゼミで黒板の前に立たされ、教授に厳しく指導を受けながらやった辛い経験が、いま思えばコンサルタントに求められる現実を疑う力、常識に疑問を持つ物の見方、徹底的に正しいアクションを導き出すまで納得しないしつこさ、こういった思考の癖をつける上で大いに役立っている。

また、コンサルティングの正しい提言はいつもシンプルである、という信念も、ひとつのシンプルな数式で物理現象を説明する理論物理学に通じるものがあると思う。

付け焼き刃にリベラルアーツの本を読むことは否定しないが、読んで知識とするだけでは不十分で、自分の物の考え方の癖にまで昇華できないことには、異分野の学問を学んだところで、単なる知識のインプットに過ぎず、「ないよりはまし」というレベルの話にしかならないであろう。

7

成功プロジェクト、
失敗プロジェクトの例

成功プロジェクト――2年で企業価値2倍に大躍進

最後に、私が過去に手掛けたコンサルティングプロジェクトで最も財務的成果が出たものと、残念ながらあまり結果が出なかったプロジェクトを、典型例としてひとつずつ紹介したい。

まずは成功プロジェクトを紹介しよう。ファンドが買収した企業の買収直後の戦略の青写真づくりと、利益創出のための業績改善プロジェクトである。結果的にそのファンドは2年ちょっとの保有期間で営業利益を大幅に改善し、買収価格の2倍程度の価格での売却に成功した。

あるハイテク機器の販売ショップを数百店舗運営するオペレーターが、ファンドの買収先企業であった。この企業は、財務的成果が出しやすいプロジェクトの前提条件を満たしていた。質問1で述べた市場シェア対利益率のマップ（図2－2）でまさに右下にある企業であった。

すなわち、企業規模としては業界トップクラスだったものの、それに見合う収益性を実現できていない状況にあった。何か「当たり前」のことができていなくて、儲かっていない状況下にあったということである。

業績改善のアクションは、極めて愚直な施策の積み重ねだった。業績の良いお店のオペレーションを深掘りし、他のお店と比較して現場の工夫が優れている点を解明し、それをかみ砕いてマニュアル化した。それを他のお店にも組織立てて展開し、同時にその現場の行動変化を全店で「半強制」的に実施してもらうためのアクションのKPIを導入し、愚直に管理していった。あわせて、店長の責任と権限も従来以上に財務的なKPIとリンクさせ、昇給昇格の基準も信賞必罰を徹底した。

また、無駄に組織の階層が多かったので、組織の階層数と間接部門を間引いて、社長の右腕の直下に20人程度の部長クラスを置き、各部長のチームにつき20店舗程度の店長が直接レポートする体制を敷き、日々の業績の進捗管理と、改善アクションを迅速に実施できるシンプルな組織に改編した。

当然、初めは社内の抵抗はあったが、結果が出てくるので次第に良い機運が盛り上がっていった。まさに定石通りのアクションを愚直に実施でき、大きな財務的成果が出たプロジェクトとなった。

失敗プロジェクト――社内政治で提言が棚上げ

失敗プロジェクト、つまり不幸にも財務的価値が全く出なかったプロジェクトも経験したことがある。コンサルタントが組織のある一部門から仕事を受け、その利益代表として代弁する役割を担ってしまい、社内で代理戦争を請け負うようなプロジェクトもある。こういうプロジェクトは、やっているコンサルタントも徒労感が募るものである。

日本全国に40カ所以上のコールセンターや事務センターなど、オペレーションセンターがある金融機関の、センター統合プロジェクトとマーケティング戦略再構築のプロジェクトを請け負い、40以上のオペレーションセンターを最終的には数カ所にする提言をした。提言の方向性自体は大きく間違ってはいなかったのであるが、発注者のニーズをくんで、社内の一部門の利害にやや偏った提言をしていた。

そのため、オペレーションセンターと関連している他の一部門から猛烈な反発に遭った。そんな中で、何とか発注者側の部門のポジションを正当化するために、コンサルティングの「技術力」を駆使し、発注者側に都合の良い施策の期待効果の数字をクリエイティブにつくりまくり、マイナスのインパクトについては言及しないような報告書をつくった。

事実を捻じ曲げたとまでは言わないが、一方に偏った提言と言われても仕方がない内容だった。

プロジェクトの発注者は満足してくれたので、一見成功したようなかたちでプロジェクトは終えたが、その後どうなったか。その後の社内の議論で、提言はほぼすべてが棚上げされ、数年経った後の振り返りとしては、誰が見ても無駄な金を使ったプロジェクトになってしまった。

社内政治の道具として使われ、その目的も達成しえなかったのである。プロジェクト終了後に内部、外部の環境が大きく変わってしまったなど、いくらでも言い訳は可能であるが、そもそものプロジェクトの建付けに無理があったことは否めない。コンサルタントは自身が関与したプロジェクトは皆成功したように言いたがるが、数年経って振り返れば、成功プロジェクトもあれば、失敗プロジェクトもあるというのが事実と言えよう。

【参考文献】

『企業価値4倍のマネジメント』火浦俊彦、ベイン・アンド・カンパニー編、日本経済新聞出版社
『ネット・プロモーター経営』フレッド・ライクヘルド、ロブ・マーキー著、森光威文、大越一樹監訳、渡部典子訳、プレジデント社
『コア事業進化論』クリス・ズック著、山本真司、牧岡宏訳、ダイヤモンド社
『M＆A賢者の意思決定』デイビッド・ハーディング、サム・ロビット著、山本真司、火浦俊彦訳、ダイヤモンド社
『30歳からの成長戦略』山本真司著、ＰＨＰ研究所
『35歳からの「脱・頑張り」仕事術』山本真司著、ＰＨＰ研究所
『40歳からの仕事術』山本真司著、新潮社
『実力派たちの成長戦略』山本真司著、ＰＨＰビジネス新書
『企業戦略論』（全3巻）ジェイ・B・バーニー著、岡田正大訳、ダイヤモンド社

おわりに

私は経営コンサルタントとして過ごした16年間、また事業会社に転じた現在も、自立したプロフェッショナルとして、常に自分がいただいている給与やコンサルティングフィーの対価に見合う価値を本当に出せているか、財務的成果につながるアクションの提言ができているか、あるいは財務的成果を生み出すアクションが実践できているか――を追い求めてきました。

それを自分の価値観、自分が自分であることの証として、誰にもおもねらずに貫き通し、キャリアを積み重ねてきたことに、いまもプライドを持って仕事に取り組んでいます。

そういったプロフェッショナルとしての覚悟を私に身に付けさせてくれた、外資系戦略コンサルティング業界に感謝している一方で、コンサルティング業界が本書で申し上げたように大衆化路線を突き進み、個々のコンサルタントの個体差が大きくなり、起用する企業側から「高級人材派遣」「高級筆記用具」とまで揶揄されているような現状に、正直、忸怩《じくじ》たる想いがあります。

本書は、コンサルタントを起用する方々が、「いたい」コンサルタントに騙されず、確かな腕を持ったコンサルタントを正しく起用できることの一助になればと思い、筆を執らせていただきました。

同時に、本書を通じて起用する側が賢くなることで、コンサルティング業界及び個々のコンサルタントがプロフェッショナルを名乗る上で必要な覚悟を再確認し、自己研鑽の必要性に駆り立てられ、結果としてコンサルタントの質的向上につながることを、心の底から願っております。

執筆にあたり、ベイン・アンド・カンパニー在籍時代に出版した『企業価値4倍のマネジメント』（共著）以来ご指導いただき、本書の骨格となるアイディアをはじめ、構想段階から常にユニークな視点で様々なヒントをくださり、二人三脚で日々討議を重ねていただきました、日本経済新聞出版社の堀口祐介氏に心より感謝申し上げます。

コンサルタント時代に師匠として親身になってご指導いただきました、山本真司氏、安田隆二氏、半田純一氏、深沢政彦氏、栗谷仁氏、本島康史氏、後藤治氏、火浦俊彦氏、牧岡宏氏、今井俊哉氏に感謝申し上げます。

コンサル職人であった私に、事業会社へ転ずるきっかけをつくられ、また移ってからは公私共に心温かいご指導を賜りました、株式会社TSIホールディングス代表取締役社長の齋藤匡司氏に感謝申し上げます。お名前は挙げられませんが、コンサルタントとして過ごした16年間にクライアントとして仕事を共にし、育てていただいた企業のトップマネジメントの皆様方にも感謝申し上げます。

また、執筆途中でざっくばらんなディスカッションをして率直なフィードバックをくださった、ノーリツ鋼機株式会社取締役副社長ＣＯＯの松島陽介氏をはじめとする、ベイン、A・T・カーニーの元同僚、現役コンサルタントの方々に感謝いたします。

最後に、週末の執筆活動を支えてくれた家族に本書を捧げます。

２０１６年７月

長谷部　智也

Tomoya Hasebe 長谷部智也

北海道札幌市生まれ。東京工業大学大学院修了、ミシガン大学ビジネススクール修了（MBA Essentials for Executive Education）。三井住友銀行を経て、コンサルティング業界に転じ、A・T・カーニー、ベイン・アンド・カンパニーで16年に及ぶコンサルティング経験。ベインでは日本支社のパートナーとして、金融プラクティス、業績改善プラクティスをリード。ベイン退社後、事業会社に転じ、国内大手総合アパレルの株式会社TSIホールディングス上席執行役員を経て、同社特別顧問。現在は、クレジットカード国際ブランドの日本地区上席副社長に就く。著書に『企業価値4倍のマネジメント』（共著、日本経済新聞出版社）。ビジネス誌（ハーバードビジネスレビュー他）、金融業界誌（金融財政事情、金融ジャーナル他）への寄稿多数。経済同友会会員、IMA（国際経営者協会）理事。

いたいコンサル すごいコンサル

究極の参謀を見抜く「10の質問」

2016年9月21日　1版1刷

著者　長谷部智也

発行者　斎藤修一

発行所　日本経済新聞出版社

http://www.nikkeibook.com/

〒100-8066　東京都千代田区大手町1-3-7

電話（03）3270-0251（代）

ブックデザイン　新井大輔

イラストレーション　SANDER STUDIO

印刷・製本　三松堂

ISBN978-4-532-32098-0
Printed in Japan